歴史文化ライブラリー

455

よみがえる古代の港

古地形を復元する

石村　智

吉川弘文館

目　次

古代の港を復元する―プロローグ……1
古代の「津」を求めて／これまでの研究／ラグーンと古墳／本書のアプローチ

丹後再訪　丹後半島および若狭周辺における古代の港をさぐる

海上交通の要衝地……16
丹後半島の地形／竹野の港の復元／網野の港の復元／府中の潟湖地形／久美浜の潟湖地形／若狭と丹後

天の視点・海の視点……44
海からの視界／古代のカーナビゲーション

古代の港の痕跡を探す……48
古代の港を「掘り起こす」／地名に注目する／衛星写真・GISソフトウエアを利用する／実際に現地を歩く

「浅い港」と「深い港」 御津と室津

瀬戸内海の港……56

潮待ちの港／播磨国揖保川下流域の二つの港／御津—神功皇后の伝説の港／海から見た御津の景観／室津—行基が整備した港／海から見た室津の景観／「浅い港」と「深い港」／鞆の浦—瀬戸内海の分岐点／福浦—渤海との海の窓口／古代における港の立地の転換

古代の船の構造……83

様々な古代の船／丸木船／準構造船／構造船／イカダ船／カゴ船／草船／その他の船／喫水と港の関係

古代の海上ルートを探る

遣新羅使の道をたどって—瀬戸内海西部の古代海上ルートを復元する……100

世界で最も難しい海／潮汐減少／灘と瀬戸／遣新羅使による瀬戸内海の航海／熊毛浦はどこにあったのか／遣新羅使の「漂流」の謎／祝島と九州への海上ルート／歴史上の宇佐／古代の港としての宇佐

宗像と沖ノ島—海のシルクロードと海人集団……132

海の正倉院・沖ノ島／海人集団としての宗像氏／古代における海人集団の活躍／海の三女神／現在につながる海の文化／海のシルクロードから見た日本列島

伊豆と海人集団
カノーを駆る人々……158
カヌー日本語起源説／伊豆の海人集団の系譜／カノーという名の船／伊豆の海人と古代の港／南からのもうひとつの流れ
カヌーと古代の日本の船……179
カヌーの構造／おもき造りの発見
都城と港　平安京遷都と海上／水上ルートの変遷
水上交通からみた遷都……186
遷都の理由／難波京の廃止と長岡京の造営／複都制と古代日本の都城／複都制から見た難波宮・難波京／畿内の外港としての難波京／難波津の埋没と難波京の廃止
長岡京、そして平安京へ……199
新しい港としての長岡京／平安京造営と律令国家の確立／大宰府—遠の朝廷／多賀城—北方の城塞都市
北方と南方の古代の港
北方世界の古代—標津……210

もうひとつの「古代」／オホーツク文化とトビニタイ文化／標津における古代の港／エリモンクル物語／クナシリ・メナシの戦い／標津と会津藩／幻の街キラク／北海道における古代の港の研究の可能性

南方世界の古代―西表島・網取……226

先島諸島の古代／サンゴ礁に適応した網取／謎のウミガメ遺構／近世以降の網取／南西諸島における古代の港の研究の可能性

水辺と共にある日本の景観―エピローグ……239

あとがき

参考文献

本書に登場する主な「古代の港」

古代の港を復元する——プロローグ

古代の「津」を求めて

二〇一一年三月一一日に起こった東日本大地震とそれによって引き起こされた津波の災害は、あらためて私たちに自然の猛威を思い知らしめた。「津波（Tsunami）」という単語は、今ではそのまま国際語として世界でも用いられるようになったが、もともと「津」とは、船が安全に停泊できる、波風の穏やかな場所のことをさす日本語なのである。普段は波立たないところに押し寄せる「波」なので、文字通り「津波」と呼ぶのだろう。

「津」とつく地名は、今でも日本列島の各地に分布している。その多くは歴史的に港に関係した場所である。そしてその多くは古代の港にまでその起源をたどることができる。

例えば、三重県の県庁所在地は「津」であり、日本で最も短い市の名前のひとつでもあるが、その名の通りそこがもともと港であったことを示している。「津」のもともとの地名は「安濃津《あのつ》」であり、古代においては最も栄えた港のひとつであったため、港の普通名詞である「津」といえば「安濃津」である、ということになり、そこから単に「津」と呼ばれるようになったようである。

また「津」といえば、何も海の港に限られたものではない。滋賀県の県庁所在地である「大津」はまさに「大きな港」の意味であるが、これは淡水の琵琶湖に面した港である。「大津」が特別な場所であったことは、天智天皇が大津宮（近江宮）をこの地に置いたことからもわかる。また同時に、琵琶湖を用いた水上交通が、古代において重要であったことも意味している。

しかし「津」とついた地名であっても、今日では遠く海から離れた場所であったり、およそ港とは関係がなさそうな場所であったりすることも、しばしばある。しかしそういった場合でも、注意深くその土地の由来を探っていくと、かつては港であったことがわかることも多い。

例えば、岡山県に吉備津《きびつ》神社という名前の神社がある。かつてこのあたりが備中と呼ばれていた頃には、備中国の第一の神社（一宮）とされていた由緒正しい神社である。名前に「津」の字が入っていることから、いかにも港と関係がありそうな地名である。しかし吉備津神社がある場所は、現在の海岸線から直線距離にして二〇キロメートルも内陸に位置しているのだ。

しかし古代の岡山平野においては、今よりもはるか内陸にまで海が入り込んでいた可能性が高いことがわかっている。現在でもその名残を残すのが、岡山市の市街地南部にある児島湖である。児島湖は、現在でも海につながる内海となっているが、かつては「吉備の穴海」と呼ばれ、今よりずっと海が内陸まで入り込んでいて、江戸時代頃までは倉敷の近くにまで海が入り込んでいたのである。つまりかつては巨大なラグーン（内海）がここには存在したのである。また現在の児島半島は、かつては本土から分離した「島」であり、そのことは地名に「島」の文字が入っていることからも、うかがい知ることができる。その後の干拓事業により、「吉備の穴海」の大部分は埋め立てられてしまったが、現在の児島湖はその名残なのである。

こうした古地形を復元的に考えると、吉備津神社が位置する場所のすぐ近くまで海が入り込んでいたことが想定される（図1）。つまり吉備津神社が位置するあたりは、かつての吉備国の港であった可能性が高いのである。

また逆に、古代の文献に「津」と書かれた場所であっても、現在ではおおよそ港と関係のなさそうな場所であったりすることもある。しかしこうした場合でも、注意深くその由来をたどってみると、やはりそこが港と関係することがわかることもある。

例えば、『古事記』のいわゆる「神武東征」のくだりのなかに、「白肩津」という名の場所が登場する。船団を組んで瀬戸内海を西に進んできたイワレビコ（神武天皇）の一行は、今の大阪府である浪速国《なみはや》に入り、「白肩津《しらかたのつ》」の港に停泊して上陸を開始する。しかしそこで在地の勢力であるナガスネヒコの軍勢に迎撃され、退却を余儀なくされた。『古事記』によると、このときイワレビコは楯《たて》を手にとって上陸したので、後にその地は「楯津」と呼ばれ、さらに時代が下って『古事記』が書かれた頃には「日下《くさか》の蓼津《たてつ》」と呼ばれていたという。

現在の大阪府東大阪市に、日下という地名が残っていることから、そこがかつて「白肩津」があった場所と考えられている。ところがその場所は、現在の大阪府と奈良県の県境にある生駒山《いこまやま》の西のふもとにあたり、現在の海岸線からは直線距離にして十数キロメートル離れているのだ。

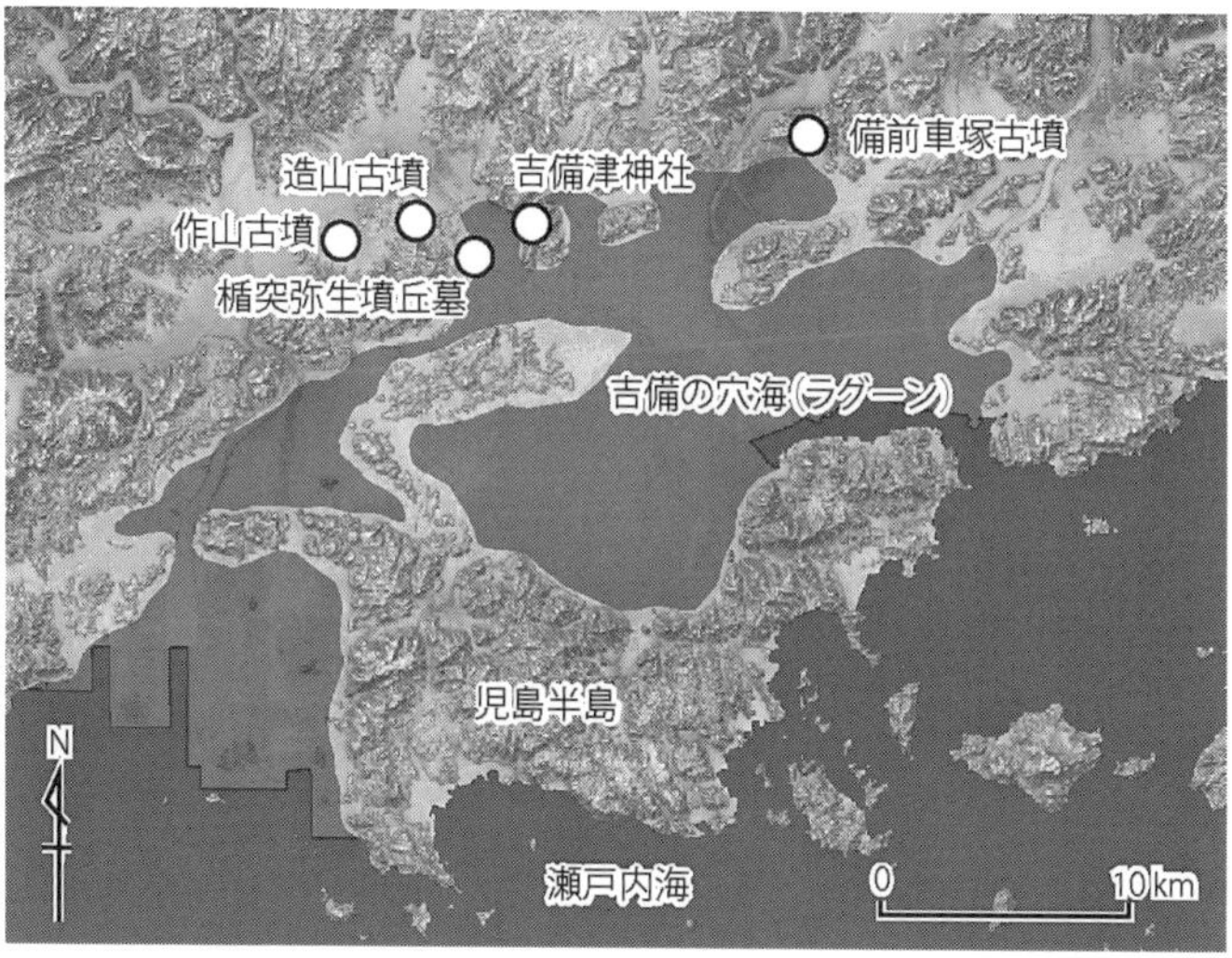

図１　古代の吉備周辺の古地形復元案（カシミール3D© 画像を改変）

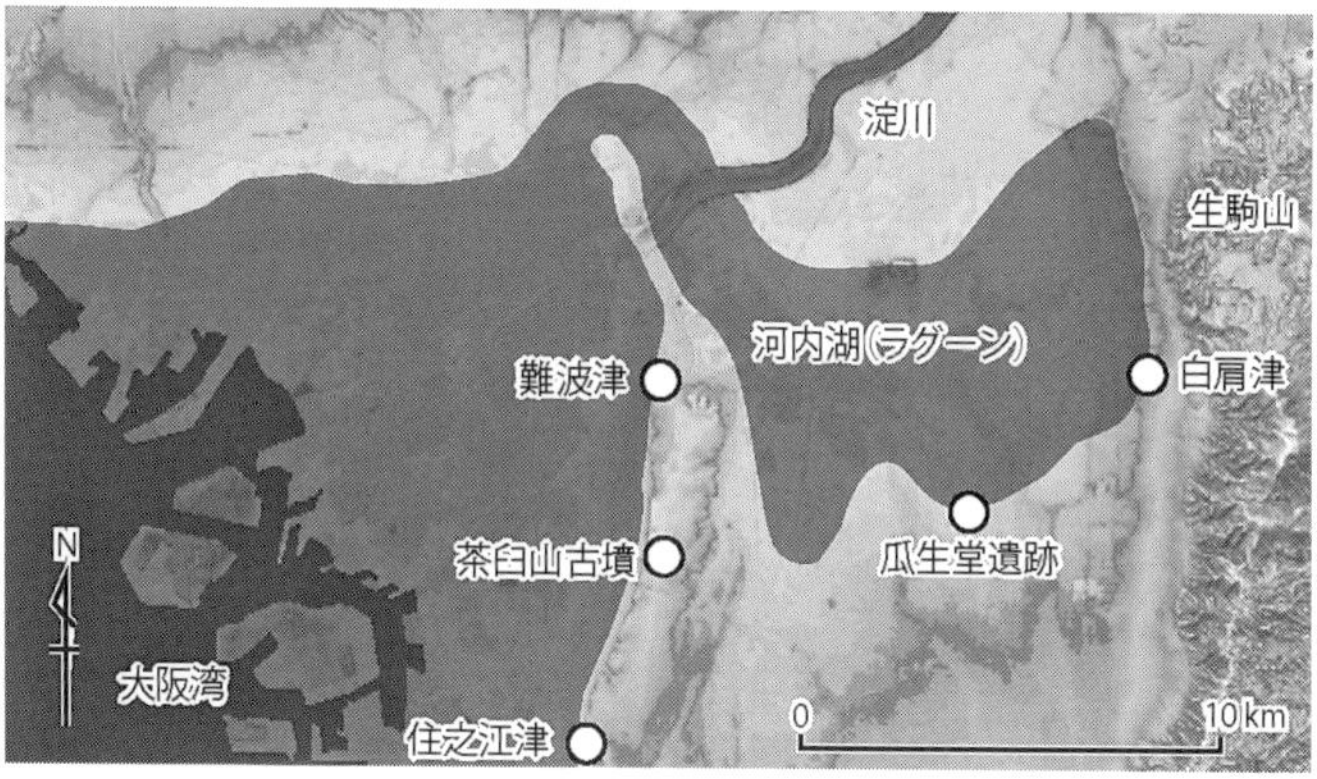

図２　古代の河内湖周辺の古地形復元案（カシミール3D© 画像を改変）

しかし現在では、大阪府に広がる河内《かわち》平野の大部分は、かつて「河内湖」と呼ばれる広大なラグーン（内海）となっており、「白肩津」があったと想定されるあたりまで海岸線がせまっていたことがわかっている（図2）。「河内湖」は少なくとも古代までは存在していたのだが、その後、河川が運んでくる土砂により少しずつ埋め立てられ、さらに干拓が進められることで次第に陸地化し、江戸時代にはほとんどの部分が陸地となったようである。

「神武東征」はあくまで『古事記』という神話の出来事であり、それがそのまま歴史的事実を物語っているわけではない。しかし少なくとも『古事記』が編纂された奈良時代には、「河内湖」はまだ存在しており、生駒山の西のふもとに神武天皇が上陸した「津」があった、という記述は、リアリティをもって受け止められていたのだと考えられる。

このように、古代の港を理解するにあたっては、現在の地形を見るだけではなく、過去の地形を復元的に考える必要がある。すなわち、かつてはどのあたりまで海が入り込んでいたのか、かつての海岸線はどこにあったのか、ということを考えることが重要なのである。以下、本書では古代の港を考えるにあたって、とりわけこうした地形の変化に着目することで、「埋もれた港」を掘り起こしてみることとしたい。

これまでの研究

古代の港についてはこれまでも数多くの研究がなされてきた。それには考古学・地理学・文献史学を始めとするさまざまな分野の研究が含まれるが、やはりそのなかでもいくつかの研究においては、地形の変化に注目して「埋もれた港」を見つけだそうという試みがなされてきた。

例えば千田稔の『埋もれた港』（一九七四）は、文字通りそうした研究の代表例である。ここで千田は、地形の変遷による海岸線の変化を考慮しつつ、地名や文献による記録に加え、かつての水田区画の痕跡である条里遺構や、かつての土地区分を記した地籍図などを参照して、かつての港の位置を特定しようと試みた。そのなかで、かつて大阪湾の港であった難波津《なにわづ》や住吉津《すみよしつ》、福岡県の博多の前身の港である那《な》ノ津といった、全国各地に存在したと考えられる古代の港を見出そうと試みている。

もうひとつ代表的なものとしては、日下雅義の『地形からみた歴史—古代景観を復原する—』（一九九一）を挙げることができる。この本でも、難波津をはじめとする古代の港について、地形の変化などを考慮しながら、そのかつての景観の復元が試みられている。さらに海外の、ナイル・デルタやギリシア・トルコのエーゲ海沿岸地域の事例なども参照しつつ、特に河川がもたらす沖積《ちゅうせき》作用が、海岸線の変化および港の立地に影響を与えていることを指摘している。

考古学においても、かつての港に関連すると考えられる遺跡や遺構は数多く見つかっている。例えば、弥生時代から古墳時代初頭にかけての遺跡である原の辻遺跡（長崎県）では、船着場と考えられる遺構が見つかっており、船を引き上げるためのスロープと護岸のための石積みが設けられていた。また津寺遺跡（岡山県）では、古墳時代後期から奈良時代にかけての杭と盛土による護岸施設が見つかっている。津寺遺跡は、前述の吉備津神社に近い足守川《あしもりがわ》下流に位置し、海岸線も遺跡の間近まで迫っていたことから、河川の氾濫《はんらん》を防ぐ堤防であることに加え、船着場としての機能も有していた可能性が示されている。このような港に関連した遺跡や遺構の例は、枚挙にいとまないほどである。

こうした考古学的な証拠をまとめつつ、考古学の立場から古代の港について包括的に論じたのが森浩一である。

ラグーンと古墳

森は『日本の古代3　海をこえての交流』（一九八六）所収の「潟と港を発掘する」という論考の中で、まず縄文時代から歴史時代にかけての港に関連する考古学的資料を概観した。そのうえで、古代においては潟湖《かたこ》地形が港として利用されていたことを指摘した。

潟湖地形とは、いわゆるラグーン（内海）を形成する地形のことである。海岸部の周辺には、しばしば陸橋のような細い砂地の土地によって海と隔てられた湖が形成されていることがある。京都府の北部にある天橋立《あまのはしだて》の周辺の地形や、北海道の東部にあるサロマ湖の様子を見るとイメージしやすいだろう（図3）。

こうした地形は、河川の河口部に砂州が形成されることによって生まれる。砂州が発達すると、かえって河川から流れる水はそれによって遮られ、海に流れ込めない水の一部は河口部にたまって湖を形成する。しかし多くの場合、海と湖とは砂州によって完全に遮断されることはないため、湖は海水が混じった汽水湖となる。これがいわゆるラグーンである。そしてこうしたラグーンを形成する地形のことを、潟湖地形と呼ぶのである。

潟湖地形におけるラグーンは、多くの場合、水深が浅く、また外海と隔てられているため波がおだやかである。まさに船を安全に停泊させるには絶好の場所である。そのため、森はこうした潟湖地形が、古代においては港の適地として選ばれたのだと論じた。

森が潟湖地形における古代の港の例として例に挙げたのは、『万葉集』（一七—三九九一・三九九二他）に「布勢水海《ふせのみずうみ》」とうたわれた富山県の十二町潟《じゅうにちょうがた》や放生津潟《ほうじょうづ》、京都府の丹後半島の丹後町や網野町、鳥取県の淀江潟《よどえ》などである。そしてこれらの場所には古代の

図３　天橋立の潟湖地形（筆者撮影）

遺跡が数多く分布することを示し、そこが港として重要地点であったことを示した。

しかしこれらのうちのいくつかの場所では、現在ではラグーンが埋まってしまい、港としての面影をしのぶことができないものもある。そこで、かつてのラグーンを復元的に考える必要があるのだ。

例えば、丹後半島の竹野（丹後町）と網野（網野町）は、いずれも現在では海に面した小さな平野であるが、かつてはそれぞれラグーンを形成する潟湖地形であったことが想定されている。そして竹野には全長約一九〇メートルの神明山古墳、網野には全長約二〇〇メートルの網野銚子山古墳という巨大前方後円墳が、それぞれ営まれている。いずれも古墳時代前期後半に築造されたもので、いずれも日本列島を見渡しても、日本海側で最大級の古墳である。

これらの古墳はいずれも、平野を見下ろす高台に立地しており、現在は海岸線から直線距離で数百メートル以上、離れている。しかしかつてラグーンが存在していた頃には、おそらくこれらの古墳の足元まで海が入り込んでいたと考えられるのである。

さらにこれらの古墳は、その側面を海岸方向に向けて配置されている。すなわち、海から見ると古墳の側面を仰ぐこととなる。前方後円墳は前後に長い形をしているため、側面から見たほうがより大きく見える。すなわち、これは古墳を大きく見せようという視覚的効果をねらったものと考えることができるのだ。

こうした古墳は、おそらく外海を航海する船からも見ることが出来、港の位置を示す格好のランドマークとなったことだろう。森は、「墳丘を海岸線に平行させていて、墳丘にはりつけた葺石は海上から眺めると白色に輝くかっこうの目標であり、港の位置を示すものであった」とも論じている。

森によるこうした一連の議論は、古代の港を考えるうえで、もっとも示唆的なものであるといえよう。

本書のアプローチ

本書ではこうした先行研究のアプローチを参照しつつ、日本列島各地に埋もれている「古代の港」を掘り起こしていくことを試みたい。とりわけ森浩一が先鞭をつけた、潟湖地形に注目するアプローチは有効だと考える。

さらに、もうひとつ解明すべき課題がある。なぜ古代の港の多くは、いつしか使われなくなり、「埋もれて」しまったのか、ということである。これには多くの理由が考えられる。ひとつにはラグーンが土砂の堆積で埋もれてしまったということが考えられる。しかし物事はそう単純に説明できるものでもなさそうだ。これまで港として使っていた場所が一夜にして埋もれてしまったならともかく、多くの場合、埋もれてしまうにはそれなりの理由があったはずである。それは港の衰退であったり、海上交通ルートの変化であったり、あるいはもっと他の理由があったのかもしれない。そうした理由はおそらく場所によって異なるだろう。そうした古代の港が「埋もれて」しまった理由もあわせて、本書では考えていきたいと思う。

以下、本書では、丹後、若狭、播磨、周防、宇佐、宗像《むなかた》、伊豆半島、さらにはオホーツク海沿岸、先島諸島といった地域をとりあげ、具体的に古代の港の景観復元を試みていきたい。

丹後再訪

丹後半島および若狭周辺における古代の港をさぐる

海上交通の要衝地

丹後半島の地形

丹後半島は京都府北部に位置する、日本海に突き出した半島であり、昔から海の交通の要衝であった（図4）。またその周辺は数多くの遺跡が分布していることから、歴史学者の門脇禎二は『日本海域の古代史』（一九八六）のなかで、この地にはかつてヤマト政権や出雲、吉備に並ぶような独立性の強い勢力が存在したのではないか、という考えを示した。

この「丹後王国論」の是非はともかく、古代においてこの地域が重要視されていたことは疑い得ない。丹後半島はきわめて山がちな土地で、広い平野があるわけでもなく、その農業生産力は必ずしも高いとはいえない。そうした土地が古代に栄えた理由のひとつは、

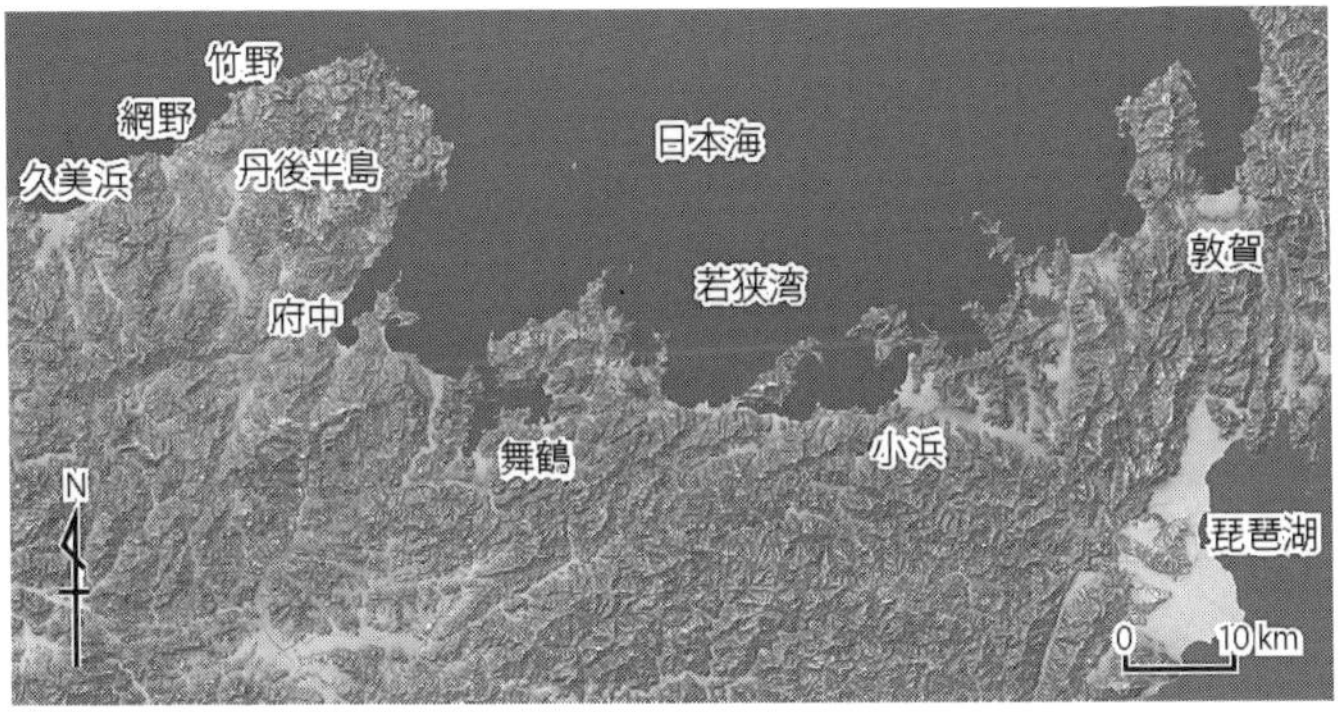

図４　丹後半島および若狭周辺の地形図（カシミール3D© 画像を改変）

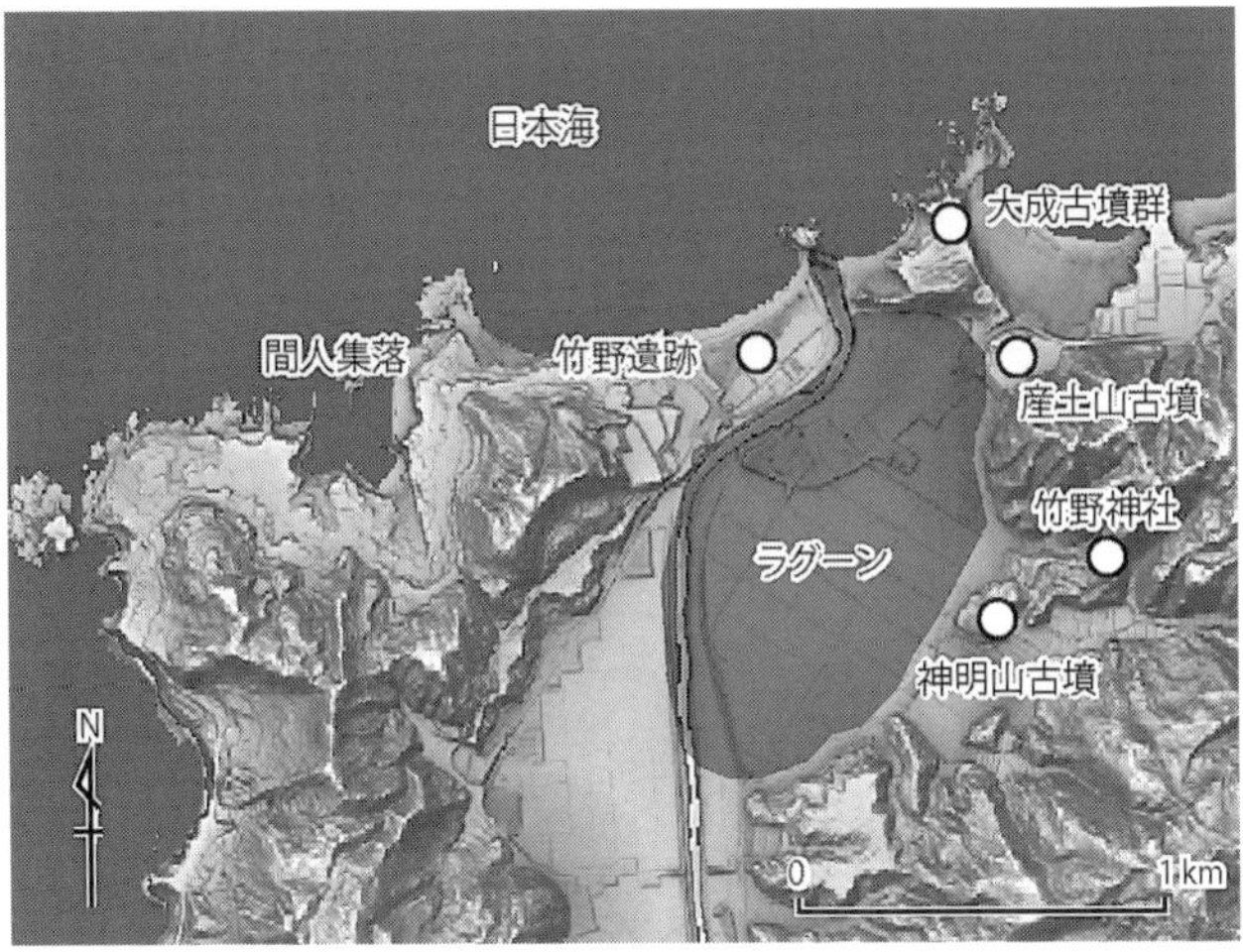

図５　竹野周辺の遺跡分布と古地形復元案（カシミール3D© 画像を改変）

ここが海上交通にとって重要な場所であったからに他ならないだろう。

実際、丹後半島そのものの海岸の大部分は、急峻な崖となっており、船を安全に停泊できる港となりうる地形に乏しい。しかし日本海を東西に航行する船にとっては、海に突き出た丹後半島は、越えなくてはならない海の関門のひとつであったはずだ。

しかしながら、そうした丹後半島にあっても、船を安全に泊めることのできる数少ない場所が存在した。それこそが、考古学者の森浩一が指摘した竹野と網野の潟湖地形である。以下では、森の先行研究を参照しつつ、これら古代の港の詳細について迫っていきたい。

竹野の港の復元

竹野は現在の丹後町に位置し、その読みは古くは「タケノ」ではなく「タカノ」と読んだという。現在では海岸に面した狭い平野がある地形となっているが、森が指摘したように、かつては平野部のほとんどに海が入り込んでラグーンを形成する潟湖地形であったことが想定される（図5）。

竹野が古代の港として重要だったと想定される根拠は、なんといっても全長約一九〇メートルの前方後円墳である神明山古墳の存在である。この古墳は古墳時代前期後半、およそ四世紀頃に築かれたと考えられている（図6）。

不思議なのは、かつて竹野が潟湖地形だったことを想定すると、この地にはほとんど平

図６　神明山古墳から竹野平野部および日本海を望む（筆者撮影）

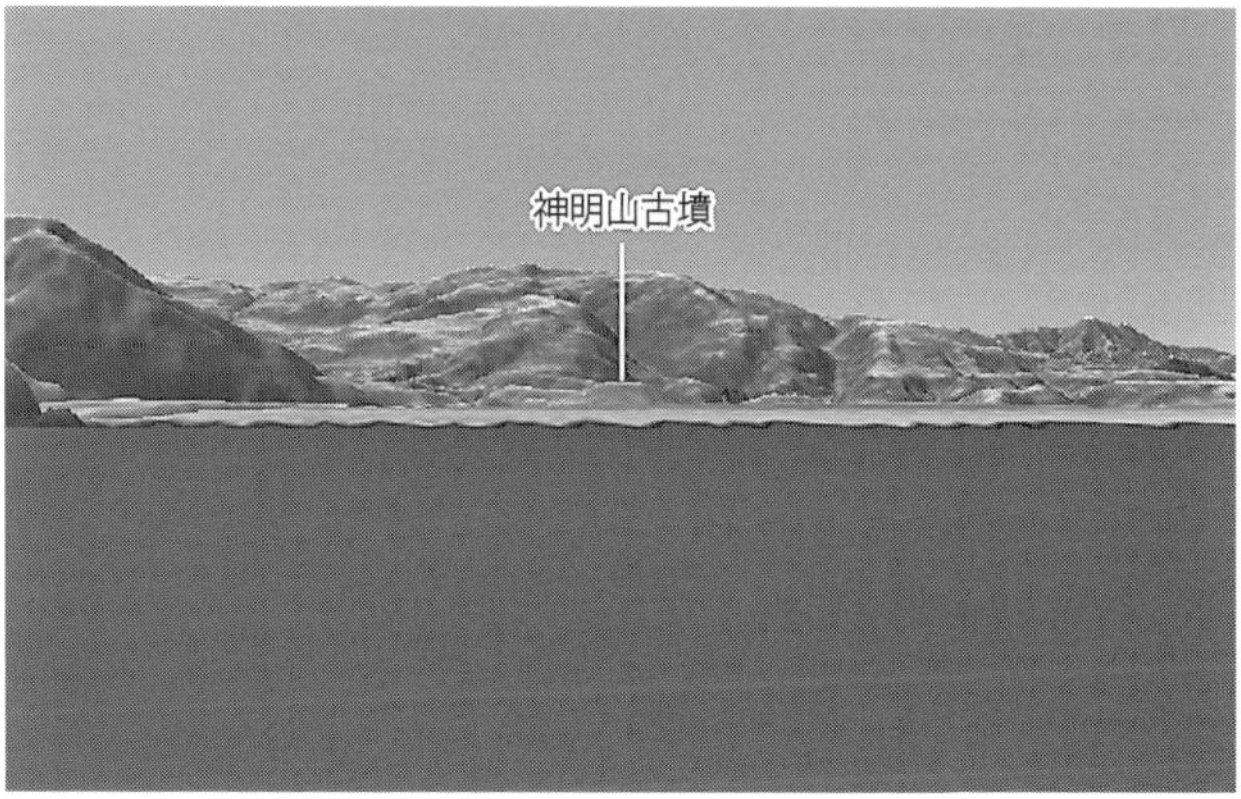

図７　海から竹野方面を望んだ際の視認範囲（カシミール3D© 画像を改変）

野がないにもかかわらず、このような巨大な構築物を作り上げることができたということである。このような古墳を築くには、十分な労働力と、それをまかなう経済力が必要である。古代において経済力の源といえば、まずあげられるのは農業生産力である。しかし平野部のほとんどない竹野にとって、大きな農業生産力は期待できない。とすれば、もうひとつの経済力の源、すなわち海上交通や流通による経済活動を想定するのが妥当であろう。つまり、竹野は日本海の海上交通にとって重要な港のひとつであり、そこから得られる経済的利益によって、この巨大な古墳を建造することができたと考えられるのである。

またもうひとつ考えられる要因は、この地の戦略的な重要性である。日本海を東西に行き来する船にとって、丹後半島は避けて通れない存在であり、船は必ず竹野の沿岸を通過するか、ここに立ち寄るしかなかったことだろう。そういった意味で、竹野は政治的にも重要な位置にあったといえる。

実際に沿岸から竹野を望むと、神明山古墳を十分視認することができる。ＧＩＳソフトウェアの「カシミール３Ｄ©」を利用すると、任意の地点において視認可能な光景を３Ｄによってシミュレーションすることが可能である。こうして生成した画像を見ると、確かに海上から神明山古墳を視認することができることが確認される（図７）。つまり、神明山古墳は沖合を航行する船からも視認することができる、ランドマークとしての役割を果たしていた可能性が指摘できるのだ。

また、神明山古墳のふもとにある竹野神社の存在も重要である。竹野神社の由緒は、丹波の大県主由碁理《おおあがたぬしゆごり》の娘であり、開化《かいか》天皇の妃となった丹波竹野媛《たんばたけのひめ》が、天照大神を祭ったことにはじまるという。このことが示唆するように、この地は畿内のヤマト政権と政治的なつながりを有していたことがうかがい知れるのである。開化天皇（ワカヤマトネコヒコオオヒヒノスメラミコト）は、その実在が疑わしいとされる人物ではあるが、『古事記』や『日本書紀』においては、歴史上実在が確実視される最初の天皇である崇神天皇（ハックニシラススメラミコト）の父親とされる人物である。

ちなみに現在の「丹後」という地名は、奈良時代に「丹波」の国を分割して「丹波」「丹後」「但馬」の三国になってからのものであり、それ以前は「丹後」は「丹波」であったのである。竹野媛の名に「丹波」が含まれているのはそうした理由による。

この「丹波」と畿内のヤマト政権との結びつきは密接なものであったことが、『古事記』や『日本書紀』の他の箇所の記述からも見てとれる。例えば、崇神天皇は「四道将軍」と称される四人の将軍を全国に派遣し、自らに従わないものを平定したとされるが、このうち「丹波」を含む山陰道には丹波道主命《たんばみちぬしのみこと》という名の将軍が遣わされた。彼は死した後に、兵庫県篠山市にある前方後円墳の雲部車塚古墳に埋葬されたと伝えられている。さらに彼の娘である日葉酢媛命《ひばすひめのみこと》は、崇神天皇の息子である垂仁天皇の皇后となり、景行天皇を生んだとされる。

さて竹野においては、平野の大部分がラグーンとなっていたため、集落はおもに海岸の砂州の上に営まれていたようだ。ここでは竹野遺跡と名付けられた集落遺跡が見つかっており、弥生時代から平安時代に至るまで継続的に集落が営まれていたようである。

また竹野の西隣には、間人と呼ばれる集落が存在する。なお読みは「タイザ」という。こちらは竹野の潟湖地形とは異なり、海岸部に狭い平野がともなうような地形であり、一見するとどこにでもありそうな漁村に見える。しかし地元の伝承によると、聖徳太子こと厩戸皇子《うまやとおうじ》の母親である穴穂部間人《あなほべはしひと》皇女が、畿内における蘇我氏と物部氏との争乱のさなか、幼い厩戸皇子を連れてこの地に避難した、と伝えられている。この伝承の真偽のほどは不明であるが、飛鳥時代においても、この地が畿内とのなんらかのつながりを保っていたことを示しているのかもしれない。

網野の港の復元

竹野の西に位置する網野も、やはり古代の港として重要な場所であったと考えられる。ここも森が指摘したとおり、平野の大部分は海が入り込みラグーンを形成する潟湖地形であったと想定されている。現在でも平野の西側にある離湖《はなれこ》は、ラグーンの名残であると考えられる（図8）。

網野には、竹野の神明山古墳とほぼ同じ時代である古墳時代前期後半（四世紀頃）に、ほぼ同じ規模で建造された、全長約二〇〇メートルの網野銚子山古墳という巨大前方後円墳が存在する（図9）。網野も竹野と同様、かつては平野部が限られていたため、この古墳の建造は、海上交通に関わる経済的および政治的な背景によってなされたものと考えられる。興味深いことに、網野銚子山古墳と、丹波道主命の娘の日葉酢媛命の陵墓と伝えられる佐紀《さき》陵　山《みささぎやま》古墳（奈良県）の墳丘の規模と形状が、ほぼ同じであることが指摘されている。前述のとおり、日葉酢媛命はこの地域と密接な関わりを持つ人物であるが、古墳の形状が相同形であるということは、その設計図が同じである、ということを意味するのかもしれない。あるいは古墳を建造した技術者集団も同一であるかもしれない。そうしたことを考えると、畿内のヤマト政権から派遣された技術者集団がこの地で網野銚子山古墳を築いたのかもしれない。あるいは逆に、この地で網野銚子山古墳を築いた技術者集団が、

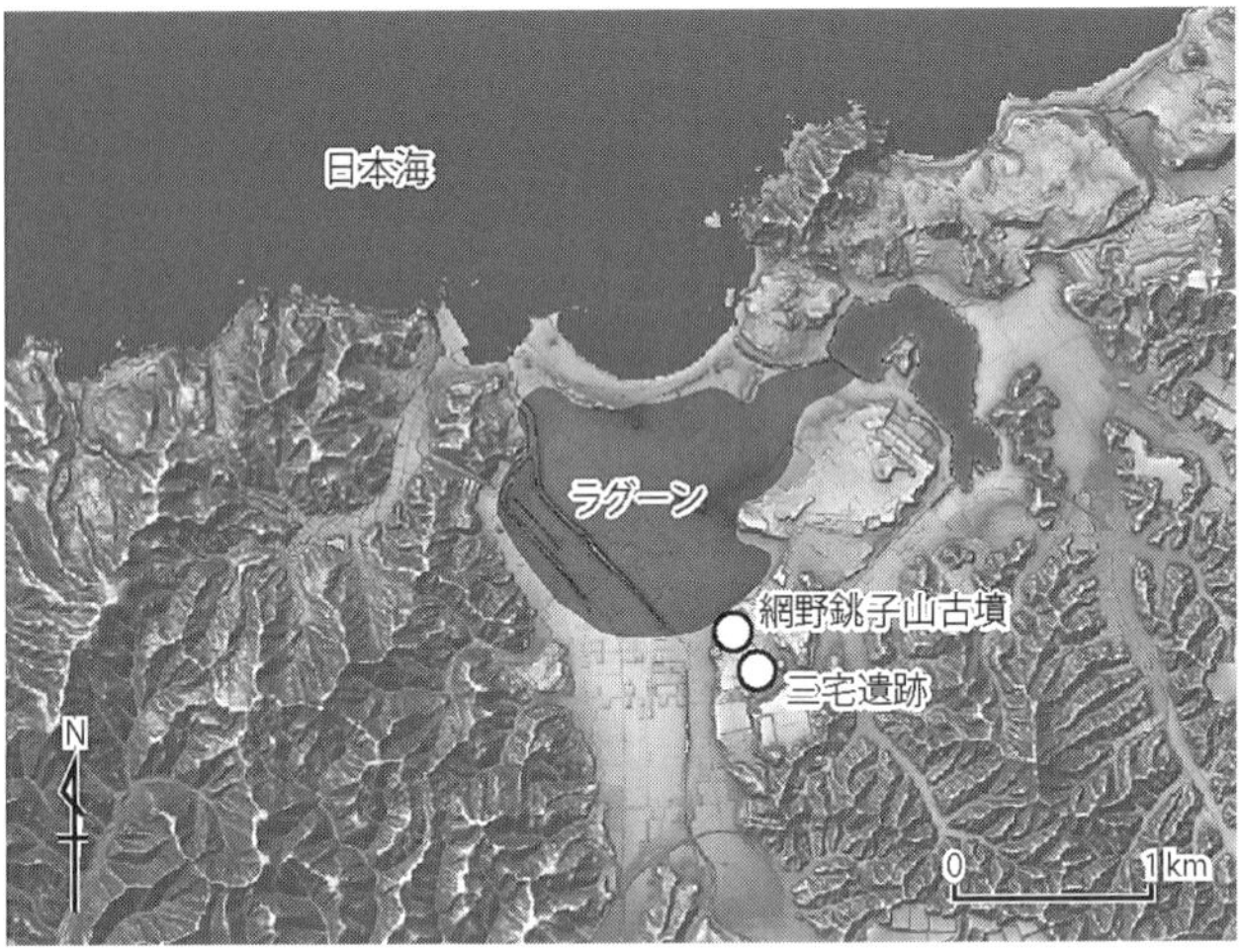

図8　網野周辺の遺跡分布と古地形復元案（カシミール3D© 画像を改変）

図9　網野銚子山古墳から竹野平野部および日本海を望む（筆者撮影）

畿内におもむいて日葉酢媛命のために佐紀陵山古墳を築いたのかもしれない。

さらに興味深いことに、明石海峡を見下ろすように建造された五色塚《ごしきづか》古墳（兵庫県）もまた、佐紀陵山古墳と相同形の規格で建造された可能性が高いことが指摘されている。網野銚子山古墳も五色塚古墳も、どちらも海岸部に築かれ、しかも海上交通の要衝に位置していることを考えると、この共通性はなにかしら重要な意味をはらんでいるように思われる。

沖合から網野方面を望むと、確かに網野銚子山古墳を視認することができる（図10）。こうしたことから網野銚子山古墳も、竹野の神明山古墳と同様、沖合を航行する船からも視認することが可能な、ランドマークとしての役割を果たしていた可能性が高いだろう。

また網野銚子山古墳の周辺には三宅遺跡と名付けられた遺跡があり、ここからは弥生時代から中世にかけての幅広い年代の遺物が出土している。この「三宅」という地名も示唆的である。「ミヤケ」とは、古代のヤマト政権の直轄地である「屯倉（ミヤケ）」を連想させるからである。

竹野と網野は、距離的には一〇キロメートル程度とそれほど離れてはいないが、同じような潟湖地形のほとりに、ほぼ同時期に同じくらいの大きさの前方後円墳が築かれたこと

図10　海から網野方面を望んだ際の視認範囲（カシミール3D© 画像を改変）

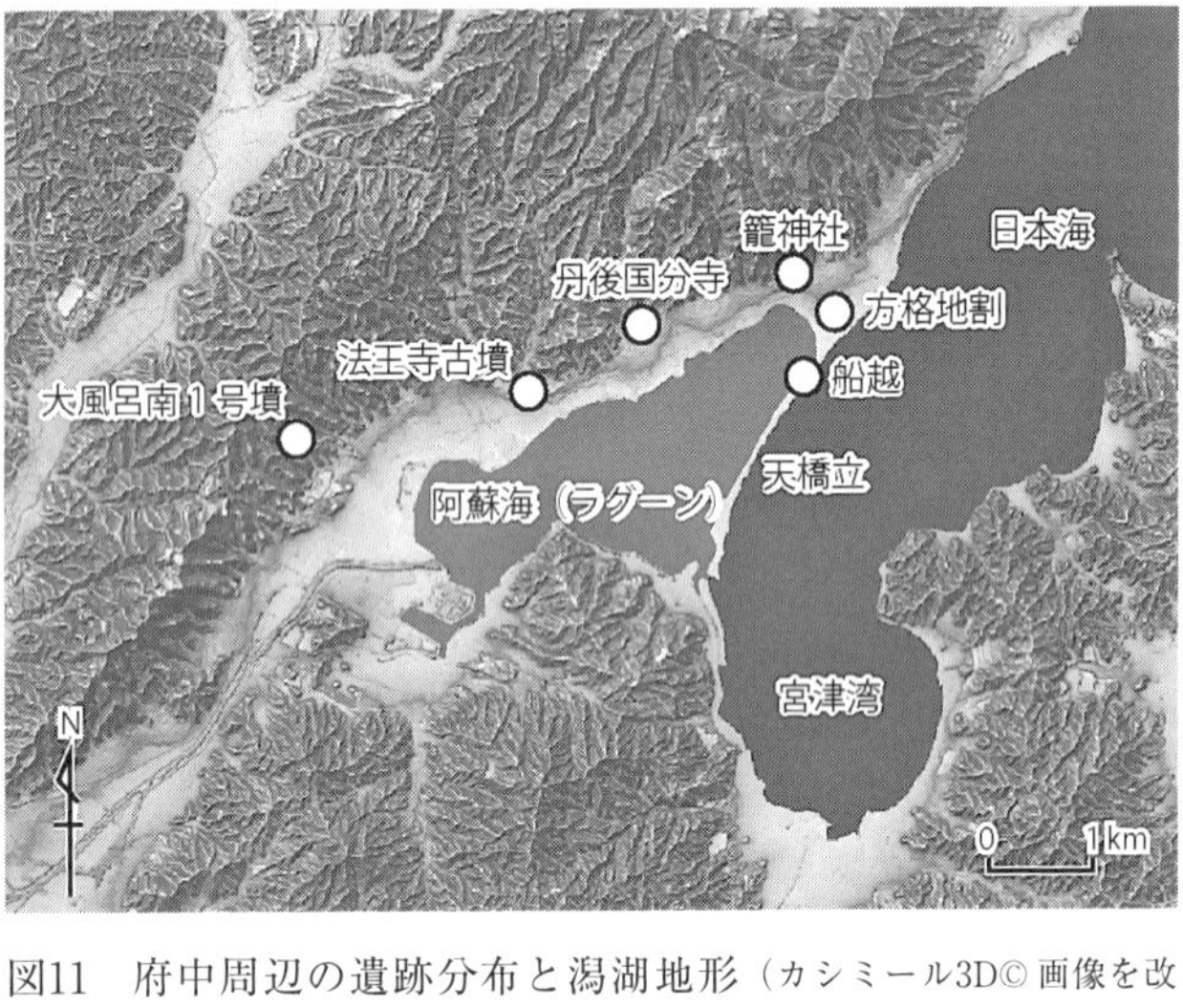

図11　府中周辺の遺跡分布と潟湖地形（カシミール3D© 画像を改変）

の背景には、なにか意味があるように思われる。つまり一定の意図のもとに築かれたのではないかと思えるからである。これらの古墳は海上からもよく見ることができ、いわゆるランドマークとして築かれた可能性が高いことは、すでに指摘されているところである。これはつまり、日本海を航行する船に見せつけるための、一種のデモンストレーションとも考えられるのである。

府中の潟湖地形

丹後半島の周辺には、竹野と網野の他にも潟湖地形があり、これらも古代には港として用いられた可能性が高いと考えられる。ここでは、まず丹後半島の付け根に位置する府中をとりあげることとしたい。

府中は、古代には丹後国の国府が置かれた地であることに由来する地名であるが、一般的には天橋立のある場所、といったほうが、通りが良いだろう。天橋立は若狭湾とラグーンの阿蘇海を隔てる長大な砂州であり、ここでは潟湖地形の特徴がよく残されている（図11）。竹野や網野ではラグーンが埋まってしまったことと比べると対照的である。古代においてこの潟湖地形のほとりには丹後国の国府が置かれたと考えられていることから、政治的にもこの地域の中心であったと考えられる。

その名残として、今でも丹後国分寺が阿蘇海の北のほとりにある。いうまでもなく国分寺は奈良時代に国ごとに造営された寺院であり、その多くは国の地方行政の中心である国府に隣接して建てられた。なおこの寺は後に『安寿《あんじゅ》と厨子王《ずしおう》』伝説にも登場する。そしてその東には方格地割が残されている。この方格地割は、耕地の区画である条里の痕跡というよりも、国府にともなう施設もしくは都市の区画である可能性が高いように思われる。

しかしこの周辺で最も重要な存在は籠《この》神社である。この神社は丹後国の一宮、つまり第一の神社であるとされる。さらにその別名を元伊勢といい、かつて天照大神が伊勢神宮に祭られる以前にこの地に一時的に鎮座したとされることから、伊勢神宮に先立つ神社であると信じられている。

『日本書紀』などの記述によると、もともと天照大神は天皇家の祖先神として、天皇と「同床共殿」、すなわち皇居の中で祭られていたが、崇神天皇の頃に「磯堅城《しかたき》の神籬《ひもろぎ》」を建ててそこに祭るようになり、その後、さらに理想的な鎮座地を求めて各地を転々とし、垂仁天皇の頃にようやく現在の伊勢の地に落ち着いたとされる。

このように籠神社は、畿内のヤマト政権と何らかの関わりを持っていたことが推測されるが、考古学的により重要なのは、籠神社に神宝として伝わる二面の鏡である。このうち「息津鏡《おきつ》」と呼ばれる鏡は、中国の後漢の時代に作られた長宜子孫内行花文鏡であり、「辺《へ》津鏡《つ》」と呼ばれる鏡は、それより古い前漢の時代に作られた内行花文昭明鏡である。いずれも日本では弥生時代にあたる時期に作られたものである。このような漢代の鏡は、北部九州の弥生時代の遺跡から数多く出土するほか、畿内を中心とする各地の古墳時代の古墳からも出土している。古墳から出土するものは、おそらく弥生時代に入手され、宝物として保管されていたものが、古墳時代になって埋められたものと考えられており、考古学者はこれを「伝世鏡《でんせいきょう》」と読んでいる。しかし弥生時代にもたらされた鏡が今日にいたるまで宝物として受け継がれてきた事例はたいへん珍しい。

この鏡を受け継いできたのは、籠神社の神職を代々務める海部《あまべ》氏である。海部氏は、彦《ひこ》火《ほ》明命《あかりのみこと》を祖先にもつとされ、海人族すなわち「海の民」を統括する氏族であるとされている。海部氏は全国に分布しているが、特に丹後の一族はかつて丹波国《たんばのくにの》造《みやつこ》を務めたとされている。国造とは、いわば在地の豪族あるいは首長であり、畿内のヤマト政権に帰順して地方の支配を任せられた者のことである。こうした海部氏の由緒については『海部氏系図』という文書に記されているが、この記述に従うなら、海部氏はかつてこの地域における一大勢力であり、府中はその根拠地であったということになる。

しかし不思議なことに、府中には竹野や網野にあるような巨大な前方後円墳が築かれることはなかった。丹後国分寺の西側に、法王寺古墳という全長七四メートルの前方後円墳が所在し、古墳時代中期に建造されたと考えられるが、現在ではその墳丘の大部分が削りとられて失われており、かつての姿をしのぶことは難しい。このサイズの古墳は、全国的に見ても中小の部類に入り、竹野や網野のそれと比較してもいかにも小さいと言わざるをえない。

だが、この地域が古墳時代において栄えていなかったとは、必ずしも言えないだろう。前述のとおり、この地には弥生時代に由来する鏡が伝えられてきており、また神話や伝承においても、その政治的な重要性は十分に想起される。

さらには、阿蘇海を見下ろす丘陵上には、弥生時代後期の遺跡である大風呂南一号墓が見つかっている。この遺跡でなにより重要なのは、出土したガラス製の腕輪である。この腕輪は鮮やかなコバルトブルーのガラスで作られており、おそらく東南アジア周辺で作られたものと推定されている。これ以外にも、鉄製品や銅製品が多数出土していることから、弥生時代のこの地域の有力な首長の墓であると想定されている。しかもこれらの副葬品の多くは交易により入手されたものと考えられることから、この首長は海上交易に長けた人物であったことが想定される。

また同じ弥生時代後期の丹後半島には、やや内陸部に位置するものの、ガラス製の勾玉《まがたま》や管玉《くだたま》、碧玉《へきぎょく》製の玉類などを豊富に出土した赤坂今井墳丘墓が築かれた。さらにその近くには、それより時代を遡った弥生時代中期の奈具岡遺跡がある。これは水晶や緑色凝灰岩《ぎょうかいがん》を材料とした玉類を製作していた生産遺跡であるが、大量の玉類とともに、多くの鉄製品が見つかった。これらは玉類を製作するための加工具と考えられているが、弥生時代には日本列島内で鉄の原料を入手することができなかったため、原料の鉄自体は朝鮮半島か中国大陸からもたらされたと考えられる。こうしたことから、丹後の人々は弥生時代より、列島外からの舶来品を手に入れることができるだけの、交易ルートを確保していたか、あるいは直接、海を渡って、海の向こうからこれらのものを入手していたということが推測される。

府中は、こうした丹後の中心地として、弥生時代から古墳時代を経て、国府や国分寺が置かれた奈良時代にいたるまで、連綿と栄えてきたと考えられる。しかしここで改めて先の疑問が問われる。なぜここに巨大前方後円墳が築かれなかったのだろうか。その理由を実証的に説明することは困難だ。しかしひとつの解釈を提示してみよう。

竹野と網野の前方後円墳が築かれたのは、古墳時代においても前期後半という限られた時期である。それ以外の時期に、同様の巨大古墳はこの地に築かれることはなかった。なお内陸部ではあるが、丹後半島にはもうひとつ、全長一四五メートルの大型前方後円墳である蛭子山《えびすやま》古墳（与謝野町）が存在するが、これが建造されたのもやはり古墳時代前期後半である。つまり、この時期においては、丹後地域で前方後円墳を作る何か強い動機があった、と想定することができる。そして、その時に古墳を築く立地として選ばれたのが、丹後半島の沖を航行する船を見下ろし、停泊地にもなる竹野と網野であった、ということなのかもしれない。つまり、古墳が所在するところが、そのまま当時の政治的な中心地であったとは限らない、とも考えられるのだ。

府中と同様、丹後半島周辺の重要な古代の港と想定されるのが、半島の西側の久美浜《くみはま》である。

久美浜の潟湖地形

ここも府中と同様、潟湖地形が現在にいたるまでその姿を保っており、久美浜湾という広いラグーンをそなえている（図12）。またその砂州は天橋立よりもよく発達しており、現在でもその上に市街地が展開している。

久美浜の地で最も印象深いのは、ラグーンに浮かぶようにそそり立つ兜山《かぶとやま》である。これは標高一九二メートルの独立峰で、山自体が熊野神社の御神体とされている。さらには

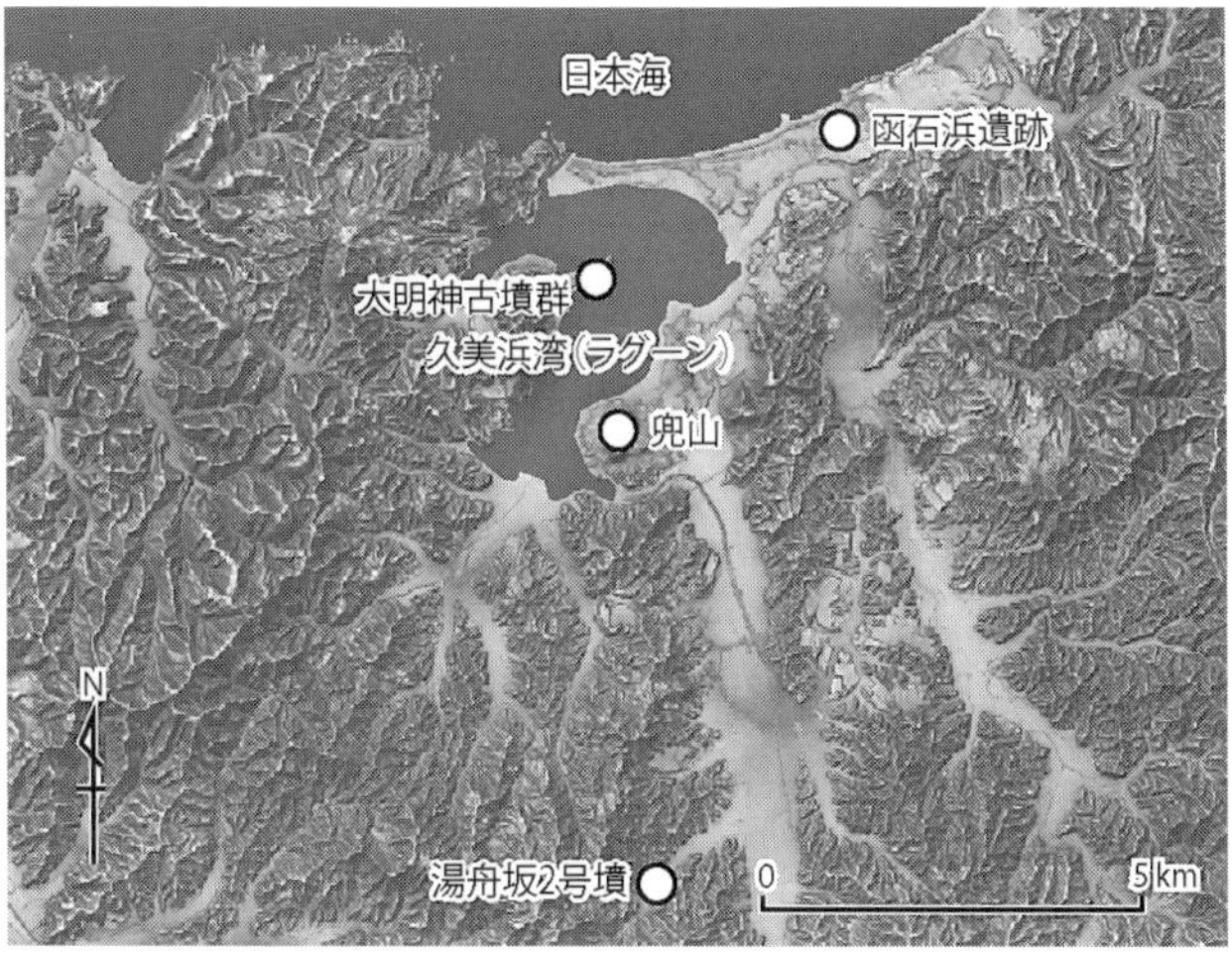

図12　久美浜周辺の遺跡分布と潟湖地形（カシミール3D© 画像を改変）

図13　舞鶴周辺の遺跡分布と地形（カシミール3D© 画像を改変）

山中には巨石が点在し、古代から祭祀がおこなわれてきた場所と考えられている。この兜山は、久美浜の沖を航行する船からも容易に見ることができるので、海上交通における天然のランドマークとして機能したであろうことが推測される。

また久美浜の砂州の東側の海岸部には、縄文時代から中世（室町時代）にかけての複合遺跡である函石浜《はこいしはま》遺跡が所在する。この遺跡は海岸砂丘上に立地しており、石器や土器、勾玉や管玉などの装飾品や、銅鏃《どうぞく》、鉄鏃などの金属器といった様々な種類の遺物が出土していることから、その遺跡がかつてどのように利用されていたかを特定することは難しいが、おそらく多様な活動がおこなわれた場であったのだろう。このなかでも特に注目されるのが、中国大陸からもたらされた「貨泉」という銅銭がここから出土したことである。「貨泉」とは、王莽《おうもう》なる人物が西暦八年に前漢に替わって樹立した「新」王朝で用いられた貨幣である。「貨泉」が作り始められたのが西暦一四年であり、「新」王朝は西暦二三年には滅亡するため、この貨幣は極めて限定された時期にのみ、生産され流通したことがわかっている。これは日本列島では弥生時代中期に相当する時期である。この「貨泉」が函石浜遺跡で出土したということは、久美浜が弥生時代中期にはすでに中国大陸とつながる交易の港として利用されていたことを暗示している。

しかし久美浜には、前方後円墳のような巨大なモニュメントが築かれることはなかった。この点は府中の状況と似ている。久美浜湾に突き出す大明神岬には、大小一一基の円墳からなる大明神古墳群がある。このうち岬の先端に築かれた一号墳は直径四〇メートルの、円墳としては大型のものであるが、これらの古墳の詳細な年代は不明である。またやや内陸部にある須田古墳群のなかに、直径一八メートルの湯舟坂二号墳という古墳時代後期に属する小さな古墳があるが、ここからは金銅装双龍環頭太刀が出土している。この太刀は龍のモチーフが表現された把頭の飾りを持ち、朝鮮半島で製作されたものと考えられている。こうしたことから、この時期においても海を通した朝鮮半島とのつながりを有していたことが推測される。

このように、府中にしても久美浜にしても、潟湖地形としての規模は竹野や網野よりも大きく、考古学的に見ても重要な遺跡や遺物をともなっている場所である。そのため、これらも丹後半島の重要な古代の港であった可能性が高いと考えられる。

さて港を考えるうえでもうひとつ、丹後半島周辺において忘れてはならないのが舞鶴《まいづる》である（図13）。

舞鶴はリアス式海岸からなる天然の良港であり、明治時代には舞鶴鎮守府《ちんじゅふ》が置かれて海軍の一大拠点となった。その後も現在にいたるまで日本海の重要港湾としての地位を保ち続けている。しかしながら不思議なことに、その周辺には注目すべき遺跡が見つかっておらず、縄文時代の丸木舟が出土した浦入遺跡などいくつかが知られる程度に過ぎない。

舞鶴は、その湾は奥深く、海は穏やかであるが、潟湖地形が存在しない。この点が、これまで見てきた古代の港と考えられる場所とは異なっている。少なくとも古代においては、舞鶴の地形は港としてあまり魅力的なものとしてみなされなかったのかもしれない。しかし中世以降には、室町幕府の四職を務めた一色家が田辺に根拠を置いた。さらに戦国時代には細川家、江戸時代には京極家がこの地を治め、府中に隣接した宮津とともに、丹後の中心地のひとつとして栄えた。つまり、古代から中世に転換するなかで、港として選ばれる立地に何らかの変化がおこったことが想定されるのであるが、この問題については次の章であらためてとりあげることとしよう。

若狭と丹後

さらに丹後半島に隣接する地域として、若狭の小浜《おばま》についても見てみることとしたい。小浜もまた、古代の港として重要な役割を果したと考えられているからである。

古代の律令制のなかで、若狭は丹後とは別の国としてあつかわれたが、とりわけ古代においては「御食国《みけつくに》」のひとつとして位置づけられたことが重要である。「御食国」とは、「贄《にえ》」の貢進国、すなわち皇室・朝廷に海水産物を中心とした御食料（穀類以外の副食物）を貢ぐという特別な役割を与えられた国のことである。古代の税制においては、各国には租・庸・調の税が課せられたが、「御食国」は「贄」の納付が定められていたと考えられる。食料を直接、税として貢ぐというのは、律令制以前の支配のあり方を思い起こさせる。「贄」として貢納された塩やアワビ、海草などの海産物は、神事の際などに貢がれる神饌《しんせん》として古くから用いられたものであるが、これが転化して、人々が首長（天皇）に贄を奉げ、これを首長が食べることで、贄の取れた土地を支配していることを誇示する儀式となったものと考えられるからである。

この「贄」を貢進する「御食国」には、若狭国のほか、淡路国、志摩国といった地が選ばれたと考えられている。これらの地域は、もともと土地が狭く、十分な人口や農業生産力を得ることが期待できないところであるが、海水産物を得られるということから特別な地位を与えられたものと考えられる。

古代においてこの若狭国を根拠地のひとつとしたのが膳《かしわで》氏と呼ばれる氏族である。膳氏は料理の神と呼ばれる磐鹿六鴈《いわかむつかり》を祖とすると伝えられ、若狭国および志摩国を本拠地とした海人系の氏族とされる。膳氏は後に高橋氏と称し、律令官制のもとでは宮内省の内膳《ないぜん》司《し》、すなわち天皇の料理番を、同じく海人系氏族として知られる安曇《あずみ》氏とともに務めた。なお話はそれるが、奈良時代には高橋氏と安曇氏は対立して衝突し、その結果、安曇氏は衰退したのに対し、内膳司の長官の地位は高橋氏が以降、世襲していくこととなる。安曇氏は本書でもこれ以降、何度か出てくる名前であるので、記憶にとどめておいていただきたい。

さて若狭において膳氏が本拠地としたのは小浜であると想定され、膳氏は若狭国造を務めたとされる。この地には一七基におよぶ前方後円墳からなる上中古墳群があり、それが膳氏の墳墓であったと想定されている。奈良時代には若狭国分寺が置かれ、また未だその位置は特定されていないものの、若狭国の国府もこの地に置かれたと考えられている。さらには若狭彦神社、若狭姫神社という一対の神社があるが、このうち若狭彦神社にある鵜《う》ノ瀬《せ》と呼ばれる泉は、東大寺二月堂の若狭井と呼ばれる井戸につながっていると言い伝えられており、東大寺の「お水取り」の儀式の時には、ここで水を送るための「お水送り」という儀式がおこなわれる。

小浜の現在の地勢は、東方向に伸びた谷に沿って、なだらかな平野部が海岸まで続いているが、かつて海岸部には砂州が弓状に伸び、その背後にラグーンを形成していたと想定される（図14）。この潟湖地形の南側には後瀬山《のちせやま》と呼ばれる標高一六〇メートル程の小高い山があり、『万葉集』の大伴家持《おおとものやかもち》の歌にも詠まれた場所でもあるが、この地名からも「後に瀬」、すなわち背後にラグーンがあったことを暗示させる。

しかし興味深いことに、前述した上中古墳群や若狭国分寺、若狭彦神社や若狭姫神社はいずれもかつてのラグーンのほとりに位置するのではなく、むしろ東側にのびる谷の内陸側に位置している。

さらに上中古墳群を構成する前方後円墳は、いずれも古墳時代中期から後期にかけて築かれており、その規模も、最大の上ノ塚古墳（古墳時代中期）で全長約一〇〇メートルであり、丹後半島の神明山古墳（全長約一九〇メートル）、網野銚子山古墳（全長約二〇〇メートル）に比べると小さい。

しかしこれらの古墳からは、おもに古墳時代後期に朝鮮半島からもたらされたと考えられる遺物が数多く出土している。例えば、十善の森古墳からは金銅製冠帽や鉄地金銅張双竜文鈴付鏡板が出土しており、向山一号墳からは金製垂飾付耳飾が見つかっている。こうしたことから、これらの古墳を築いたこの地の首長、おそらく膳氏は、海上交易に携わり、

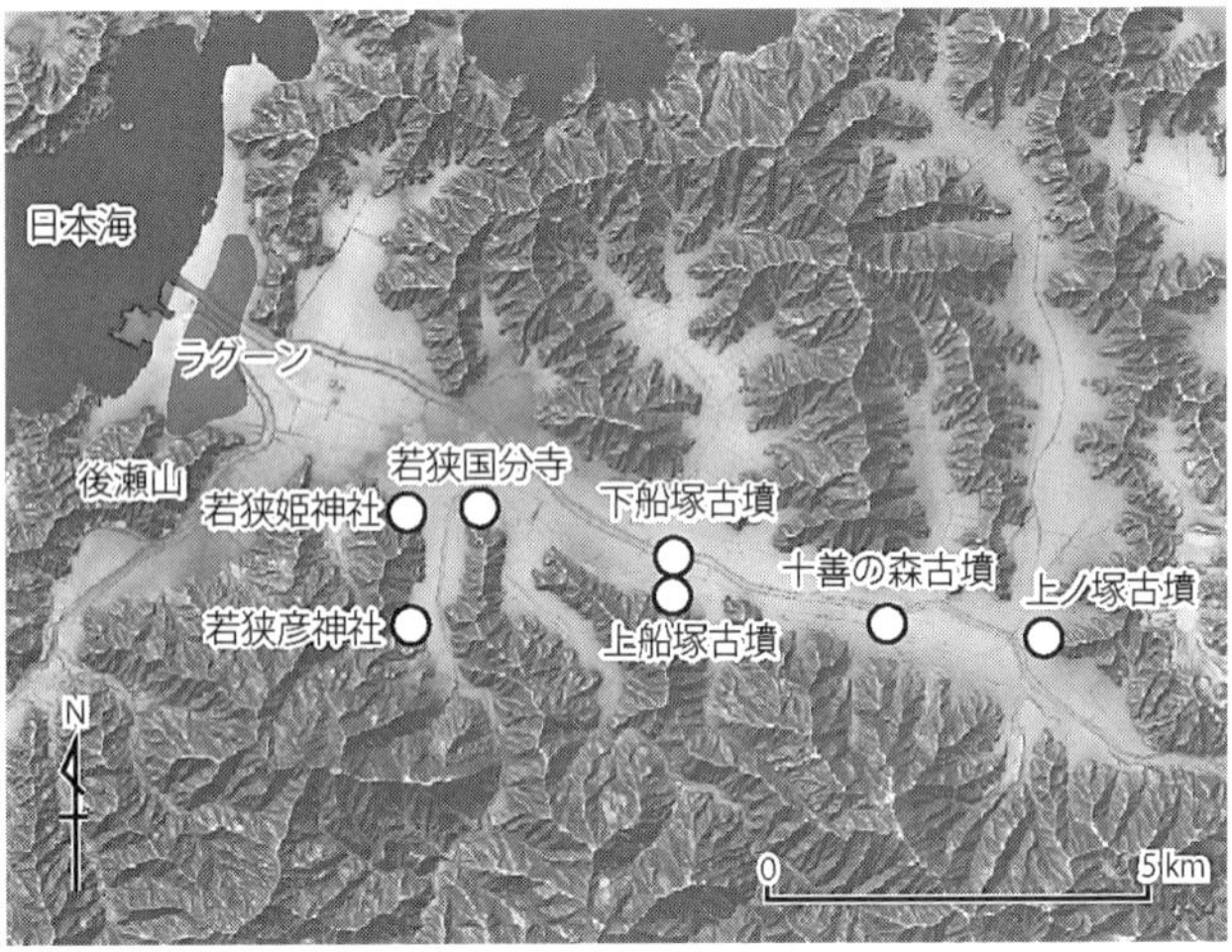

図14　小浜周辺の遺跡分布と古地形復元案（カシミール3D© 画像を改変）

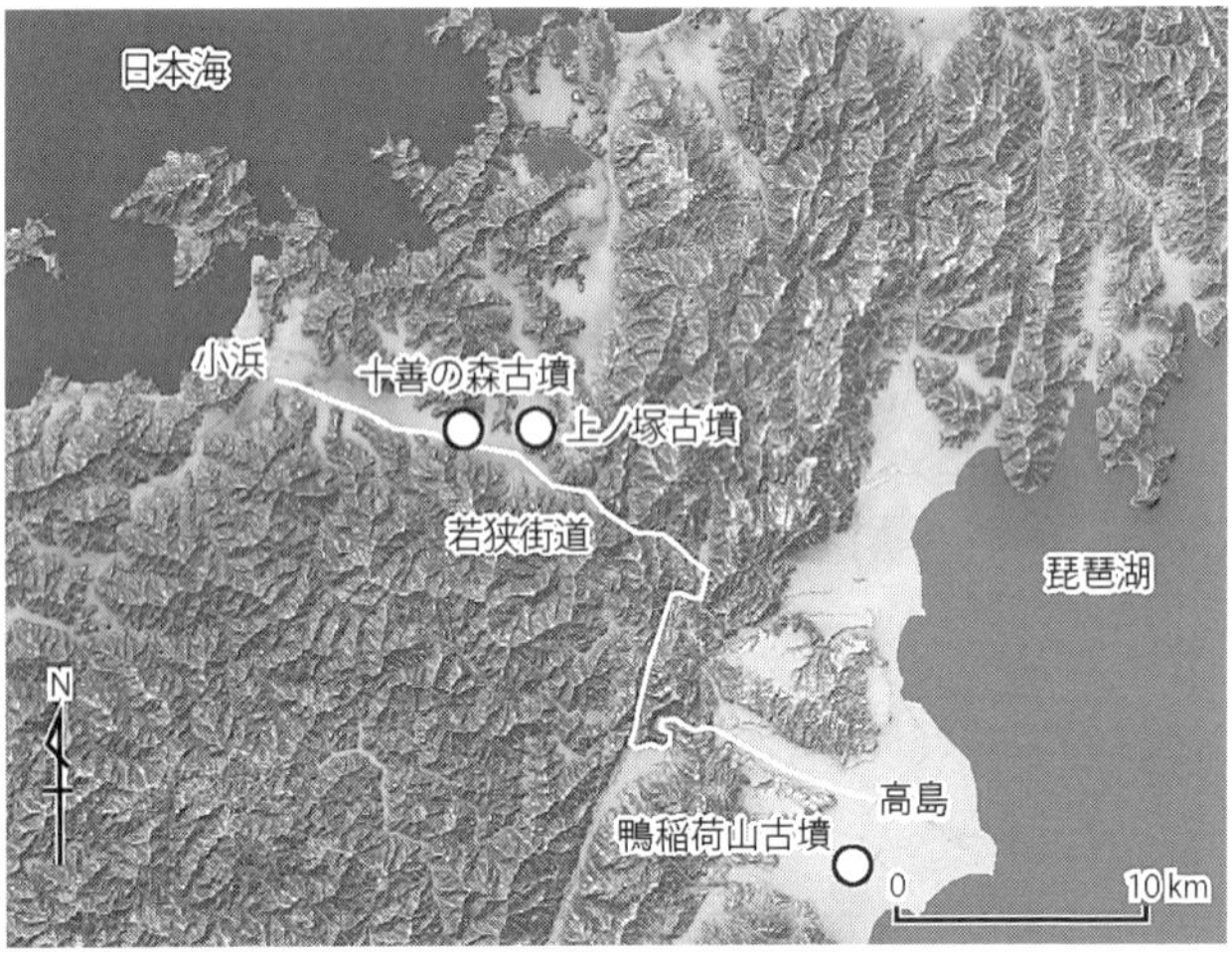

図15　若狭から近江へ至る若狭街道とその周辺の地形（カシミール3D© 画像を改変）

これらの品を入手したものと想定されるのである。

こうした様相は、丹後のそれと比較すると対照的で興味深い。なぜなら、丹後では神明山古墳、網野銚子山古墳が築かれたのが古墳時代前期後半、府中の法王子古墳が築かれたのが古墳時代中期と想定され、それ以降、古墳の造営は低調になったと考えられる。もちろん久美浜の湯舟坂二号墳のように朝鮮半島との交流を示す遺物を有する古墳も存在するが、その墳丘の規模ははるかに小さいものである。一方、若狭においては、むしろ丹後の古墳作りが低調になった中期から後期にかけて、その造営が活発になったと考えられるのである。

さらに興味深いのは、若狭の古墳は丹後のそれとは異なり、海から見えるということを意識していないように見えることである。とりわけ、その中でも古い段階に築かれたと考えられる上ノ塚古墳は、古墳群の中では最も谷奥の、膳部山のふもとに位置しているのである。

これらの古墳は、東西に伸びる谷に沿うように、東西に広がって配置されている。この配置を理解するうえで重要なのは、若狭街道の存在である。若狭街道は後に「鯖街道」と呼ばれ、近世にはサバに代表される海産物を若狭から京都へ運ぶためのルートとしての役割を果たした。この街道は、小浜から谷筋に沿って東に向かい、その後、南に折れて朽木《くちき》谷《たに》を通って京都に至るのがメインのルートであったが、ここで朽木谷に南下せず、安曇川《あどがわ》に沿って東に向かうと、琵琶湖に面した高島の地に至るのである（図15）。

このルートは江戸時代よりもはるか遡り、古代にも機能していたと考えられる。高島にある鴨稲荷山《かものいなりやま》古墳は古墳時代後期に築かれた全長約三五メートルの小型の前方後円墳であるが、中国大陸製の内行花文鏡が一面、さらには朝鮮半島製と考えられる金銅製の冠や沓《くつ》、金製装飾付耳飾《みみかざり》、双鳳環頭太刀などの多量の遺物が出土したのである。琵琶湖に面した高島の人々が、直接こうした舶来品を手に入れたと考えるより、おそらく若狭の勢力を通じて間接的に手に入れた可能性が高いだろう。そしてこれらの品は若狭街道を通じて運ばれたと考えるのが自然である。

逆に、若狭の集団にしても、畿内のヤマト政権や大和朝廷とのつながりを保つには、畿内に至るルートの確保が必須であり、そのルート上にある地域の人々とも友好関係を築いておく必要があったと考えられる。おそらく若狭の集団と高島の集団は同盟関係にあり、高島からは琵琶湖の水上ルートによって畿内に至るルートが成立していたものと推測されるだろう。

このように、丹後と若狭を比較すると、いずれも古代の港として位置づけられていたものの、その性格が異なっていたように思われる。遺跡の動向などから垣間見ることのできる、おおまかな歴史の流れとしては、弥生時代から古墳時代前期後半あたりまでは丹後が優勢であったが、古墳時代中期から後期にかけては新興勢力の若狭が台頭する、という図式が描けるかもしれない。しかし若狭が新たに台頭したとはいえ、丹後が衰退したというわけではなく、いずれの地域も古代を通じて、畿内の政権とのつながりを保ちつつ、重要な港として機能し続けたことが推測されるのである。

天の視点・海の視点

海からの視界

古墳時代に日本列島の各地に建造された巨大古墳のうちのいくつかは海際に立地しており、これらは海からの目印となったのではないかということはこれまでにも指摘されてきた。例えば森浩一は丹後の網野銚子山古墳・神明山古墳について、「墳丘を海岸線に平行させていて、墳丘にはりつけた葺石は海上から眺めると白色に輝くかっこうの目標であり、港の位置を示すものであった」と論じている。沿岸を航行する古代の「地のり」航法では、高い山や離島にくわえ、こうした古墳もまた目印として用いられたと想定される。

しかしこうしたことを考えるとき、留意すべき点がひとつある。それは「海からの視界

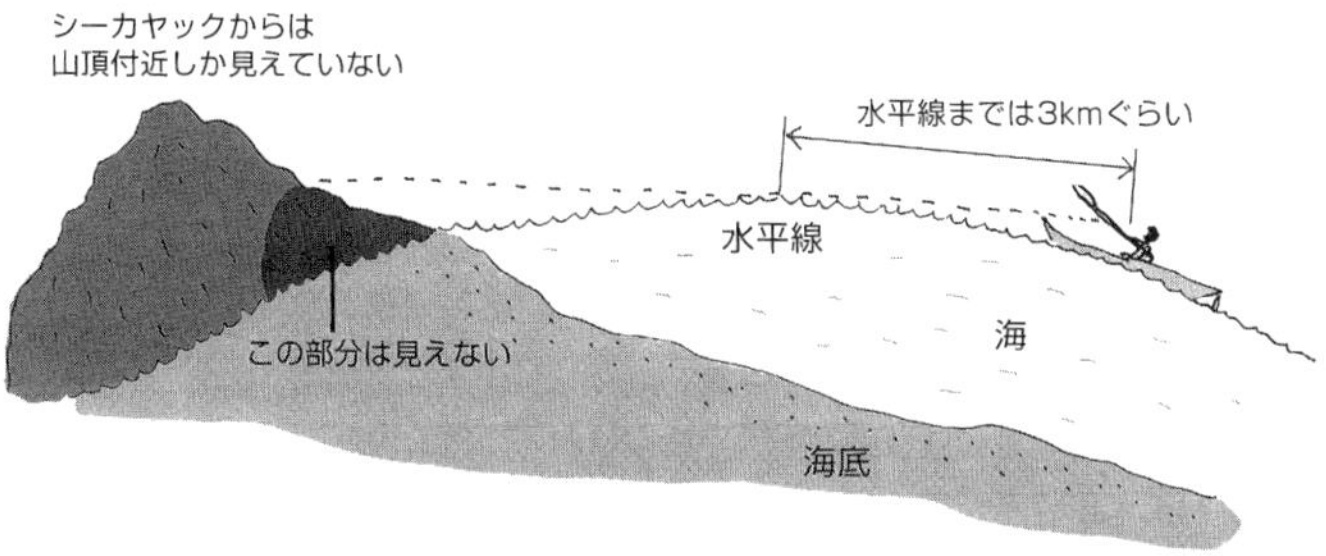

図46　シーカヤックから水平線までの距離と見渡せる範囲（出典：内田正洋2009『シーカヤック教書』海文堂）

は、意外に狭い」という事実である。

「見わたす限りの大海原」という表現があるように、海では視界が開けているとの印象が一般的ではないかと思う。しかし実際には、海から見た視界は意外と狭いのである。例えばシーカヤックを漕いでいるときに見える水平線までの距離は、わずか三〜四キロメートルほどしかない。その理由は地球が丸いからである。これには計算式があり、水平線までの距離＝L海里、水平線上の目標物（島・山・灯台など）の高さ＝Hメートル、海面から目の高さ（眼高）＝hメートルとすると、計算式は、

$$(\sqrt{H}+\sqrt{h})\times 2.083=L$$

となる。

仮に眼高を一メートルとし、水平線までの距離を求めると、2.083海里、すなわち3.858キロメートルしかない。つまり遠くの山は見えていても、山の下の部分や、海岸

付近の地形は、水平線の向こうに落ち込んでいて見えていないのである（図46）。古代においても、準構造船などの視点（眼高）はそれほど高いものであったとは考えられないことから、視界が狭い状況は大差なかったと思われる。

こうした狭い視界を補うのは天からの視点である。あたかも天から海図を見るように、大局的な見地をもつことが航海者には求められる。しかし古代において海図が存在したという証拠は今のところ見つかっていない。

古代のカーナビゲーション

古代の航海術を考えるにあたって参考となるのが、オセアニア地域に今なお継承される伝統的航海術である。以前、南山大学の後藤明氏の研究会を通じ、ミクロネシア・プルワット島の伝統的航海術の継承者であるマニー・シカウ氏を日本にお招きして話をうかがったとき、その一端に触れることができた。彼は天球上の星の運行に基づき三二の方位を認識している（スターナビゲーション）。また航海中においては自分の船を中心に置き、周囲の島々の位置を三二の方位に割り当て、その島々と方位の対応関係から自分の位置を割り出している。これは彼の言葉を借りると「カーナビゲーションの原理」と同じであるという。

こうした航海術では、まったく島影の見えない大海原においても、目印となる島を仮想し、スターナビゲーションと組み合わせることで正しく自分の位置を知ることができるという。そうしたとき頼りとなるのは正確な天体の運行の知識だ。シカウ氏を奈良に案内したとき、高松塚古墳の壁画の天文図（模写）を見た彼は感慨ひとしきりのようであった。

古墳壁画に見るこうした古代の天文学の成立は、暦や儀礼との関連のみならず、航海術とも何か関連があるのかもしれない。あるいはそれは、少なくとも海にたずさわる人々には共有されていた知識（非文字知識）であり、それを画像として平面的に表現したものに過ぎないのかもしれないが。

古代の港の痕跡を探す

古代の港の痕跡を探す試みは、これまで森浩一や千田稔といった先人によって取り組まれてきた。そしてその手がかりとして、考古学・文献史学・地理学など様々な学問が活用される。その意味で、古代の港を「掘り起こす」作業は、一種の学際的な研究と言ってよいかもしれない。

古代の港を「掘り起こす」

しかしそれは必ずしも高度に専門的な知識を動員しなければ成し得ない作業という訳ではないように思う。そこで以下では、専門家でなくても古代の港を「掘り起こす」きっかけを得るためのヒントを示したいと思う。

これはある意味で古典的なやり方であるが、依然として有効なやり方である。本書ですでに述べたように、「津」とつく地名は港と何らかの関わりがある可能性が高い。同じような語としては、「浦」「泊」「湊」などを挙げることができる。

地名に注目する

「浦」は「津」と同じく、古代において港を指す言葉であった可能性が高い。今日でも「全国津々浦々」という言いまわしがあるが、この言いまわしの背景には、各地の港が物資や情報の窓口の役割を果たしていたことがあるのだろう。

「泊」は文字通り、船が停泊する場所という意味であり、もともと波風を防ぐ地形や防波堤などの施設を指していたが、そのうち港全体を指す言葉として用いられるようになったものと考えられる。

「湊」は「みなと」であり、すなわち港を指している。「みなと」はもともと「水門」と記し、河川の河口部を指す言葉であったものが、船を停泊させるのに適した場所、すなわち港になったものと考えられる。

これ以外にも、港と関連する可能性が高い語がいくつか存在するようである。例えば「シガ」という語である。言うまでもなく「滋賀」は「シガ」であるが、もともとは砂州または低湿地を意味する「スカ（砂処）」に由来するという説がある。また「大阪（大坂）」の「サカ」も「シガ」から転訛した語である可能性があるし、博多湾には「漢委奴国王」の金印が発見された「志賀島」の「シカ」もまた「シガ」から転訛したのかもしれない。

筆者が個人的に気になるもののひとつが「トモ」で、瀬戸内海の「鞆《とも》の浦」が有名であるが、石見銀山の積出港のひとつも「鞆ヶ浦」という名が付けられている。「鞆」はもともと、弓を射る時に左手首の内側につけて矢を放ったあと弓の弦が腕や釧に当たるのを防ぐ道具であり、丸い形をしているために、丸い形の入江地形に対してこの名がつけられたとするのが一般的である。しかし「トモ」という読みに注目すると、例えば瀬戸内海に浮かぶ芸予諸島の大島には「友浦」という地名がある。さらに大阪湾の出入り口にあたる紀淡海峡に浮かぶ島は「友ヶ島」と呼ばれている。船の船尾のことを「艫（とも）」と呼ぶのも、あるいは何らかの関係があるかもしれない。ちなみに英語では船の左側面のことを「ポートサイド（港側）」と呼ぶが、これは港に停泊する際、常に左舷に接岸するからである。

このように地名は、かつての港の存在を示唆してくれる重要なヒントではあるが、近年は市町村合併などの影響で、こうした古い地名が次々と姿を消していっている。それとともに古代を探る鍵もまた消えていくようで、寂しいことでもある。

衛星写真・GISソフトウエアを利用する

最近はインターネットの発達により、一般の人でも容易に衛星写真を目にすることができるようになった。とりわけウエブ地図のひとつである「Google マップ」は、衛星写真のアプリケーションである「Google Earth」と連動しているので、通常の地図と衛星写真を瞬時に切り替えることができ、便利である。

これまでの考古学においても、航空写真を用いた調査はすでに長らくおこなわれてきた。地中に埋もれている遺構が、現在の地割や、あるいは植物の生え方にまで影響をおよぼしている場合があり、そうした痕跡を航空写真から読み取るという手法がこれまでもおこなわれてきた。

衛星写真を利用する場合も、基本的には同じような手法を用いるが、とりわけ埋もれてしまった過去の潟湖地形を読み取るのに、衛星写真が有効なことが多い。例えば、かつてラグーンがあった場所は、埋まった後も水はけの悪い土地である場合が多いので、宅地よりもむしろ田畑として利用されていることが多い。もちろん縮尺の大きな地図を見れば、地図記号によって土地利用の様相が表現されているものの、そうした地図情報を読み取るにはある程度の慣れを要する。いっぽう、衛星写真を見れば、直感的に土地利用の様相を把握することができる。

また最近は以前より比較的容易に、GIS（地理情報システム）ソフトウエアを利用することができるようになった。GISというと未だに難解なイメージがつきまとうし、確かに高度な解析をおこなうには専門的な知識が必要であるが、手軽に入手し、操作することができるものもある。例えば「カシミール3D©」というGISソフトは、山登りをする人に親しまれているソフトであるが、無料でウェブサイトからダウンロードすることができるのに加え、3D地形図を簡単に作成することができるのが利点である。

このソフトウエアでかつて潟湖地形が存在した場所の3D地形図を作成すると、ラグーンがあった場所は低く、それ以外の場所は高く表示される。「カシミール3D©」では標高を実際の数倍にして表現することができるので、微妙な高低差を強調することができ、より直感的に地形を読み取ることができる。

こうした使い方以外にも、例えば海上から港がどのように見えるかを、3D地形図でシミュレーションすることも可能である。古代においては、沿岸の地形を目視しながら、とりわけ山などの目印となる地形を利用して航海がおこなわれたと想定される。実際に海上からどのような地形が見えるかを確認するのは難しいが、ソフトウエアでは簡単に再現することが可能である。

実際に現地を歩く

最後はもっとも古典的な手法であるが、やはり現地を歩くことが最も多くの情報を得ることができる手法である。しかし、ただ漠然と歩くだけでは必ずしも必要な情報に出会えるとは限らない。以前なら、地図や地形図を片手に歩くのが一般的であったが、今日では「Google マップ」のようなウエブ地図をスマートフォンやタブレットPCのような情報端末に表示させながら歩くことができる。こうしたウエブ地図には、意外と字名や遺跡、神社などの細かい地域情報が表示されるので便利である。

加えて、今日ではほとんどの車に搭載されているカーナビゲーションの地図も、意外と細かい地域情報が表示されていて、参考になることが多い。例えば本来の目的地とは別の場所を車で移動している時に、カーナビゲーションの地図に気になる遺跡や地名が表示されることで、思わぬ発見をすることも多い。

こうしたことに加え、やはり実際に現地を歩くことは「楽しい」ことでもある。本書でとりあげた場所はすべて私自身、現地を実際に歩いて調査をおこなったが、その土地ならではの雰囲気を感じ取り、その土地の人々と触れ合い、その地の料理に舌鼓を打つこともまた、あるいは調査そのものよりも「楽しい」経験ではないかと思ったりもするのである。

「浅い港」と「深い港」

御津と室津

瀬戸内海の港

潮待ちの港

日本海の丹後の次は、瀬戸内海の古代の港に目を向けてみよう。瀬戸内海は古代より重要な海上の道として機能していた。『古事記』『日本書紀』におけるいわゆる「神武東征」神話では、九州の日向を出立したイワレビコ（神武天皇）一行は、瀬戸内海を船で東に向かって進軍した。また奈良時代においては、遣唐使船は大阪湾の難波津から出航し、瀬戸内海を西に進んで九州沿岸に至り、そこから東シナ海を渡って中国大陸に到達した。こうしたことからもわかるとおり、まさに瀬戸内海は古代の街道だったのである。

瀬戸内海は陸に囲まれた内海であるため、日本海や太平洋に比べると、波の少ない穏やかな海、という印象をもたれる方が多いかもしれない。実際に、瀬戸内海をフェリーで旅すると、ほとんど揺れを感じない、快適な旅を楽しむことができる。

しかしこのような瀬戸内海の穏やかなイメージは、あくまでも現代の話である。実は瀬戸内海ほど航海の難しい海は他にないとも言われている。その要因は、複雑な潮流の存在である。

瀬戸内海は陸に囲まれているため、外海との出入り口は限られている。具体的には、東は紀伊水道、西は関門海峡と豊後水道の計三か所だけが外海との出入り口である。そして一日のうちに二回ある潮の満ち引きのときには、これらの出入り口を通って潮が出たり入ったりするのである。出入り口が狭いため、当然その流れは急なものとなり、それが関門海峡においていわゆる渦潮《うずしお》という現象を引き起こす。瀬戸内海の東側においても、紀伊水道の内側には淡路島があり、明石海峡と鳴門海峡のところで海が狭くなっているため、やはりここで渦潮を引き起こすのである。

さらに瀬戸内海の内側においても、その中に浮かぶ島々によって潮の流れが曲げられたり妨げられたりすることによって、潮流は極めて複雑な動きを見せる。そのため場所によっては川のように激しい潮流になるところもある。

現在のようにエンジンを持った船がない古代においては、こうした潮流をいかにうまく利用し、あるいはうまくかわすか、ということが、瀬戸内海の航海では重要であった。つまり潮流に乗れば、相当な速度で進むことができる一方、潮の流れが逆の場合は、潮目が変わるまでじっと待つ必要があった。そのため、瀬戸内海沿岸にはいわゆる潮待ちの港が各所に設けられることとなったのである。

そうした港のうち、以下では播磨国の揖保川《いぼがわ》下流域にある、御津《みつ》と室津《むろつ》と呼ばれる二つの港をとりあげたい。いずれも古代において重要な港として機能したと考えられているが、その役割はどうやら少し異なるようなのである。そしてそれは瀬戸内海における海上交通の歴史的な変化に関連する可能性が高いのである。

播磨国揖保川下流域の二つの港

播磨国揖保川下流域には歴史上重要な港津がいくつか存在したと考えられるが、なかでも御津と室津が古代において重要な港であった（図16）。御津は揖保川河口部の西側に位置し、『播磨国風土記』において、神功皇后《じんぐうこうごう》が三韓征伐の折に寄港した港として記されている。周辺には権現山五一号墳（古墳時代前期前半）や輿塚《こしづか》古墳（古墳時代前期後半）などの古墳が分布し、古墳時代から有力な首長が支配する拠点的地域であったと考えられる。一方、室津は御津の西側、リアス式

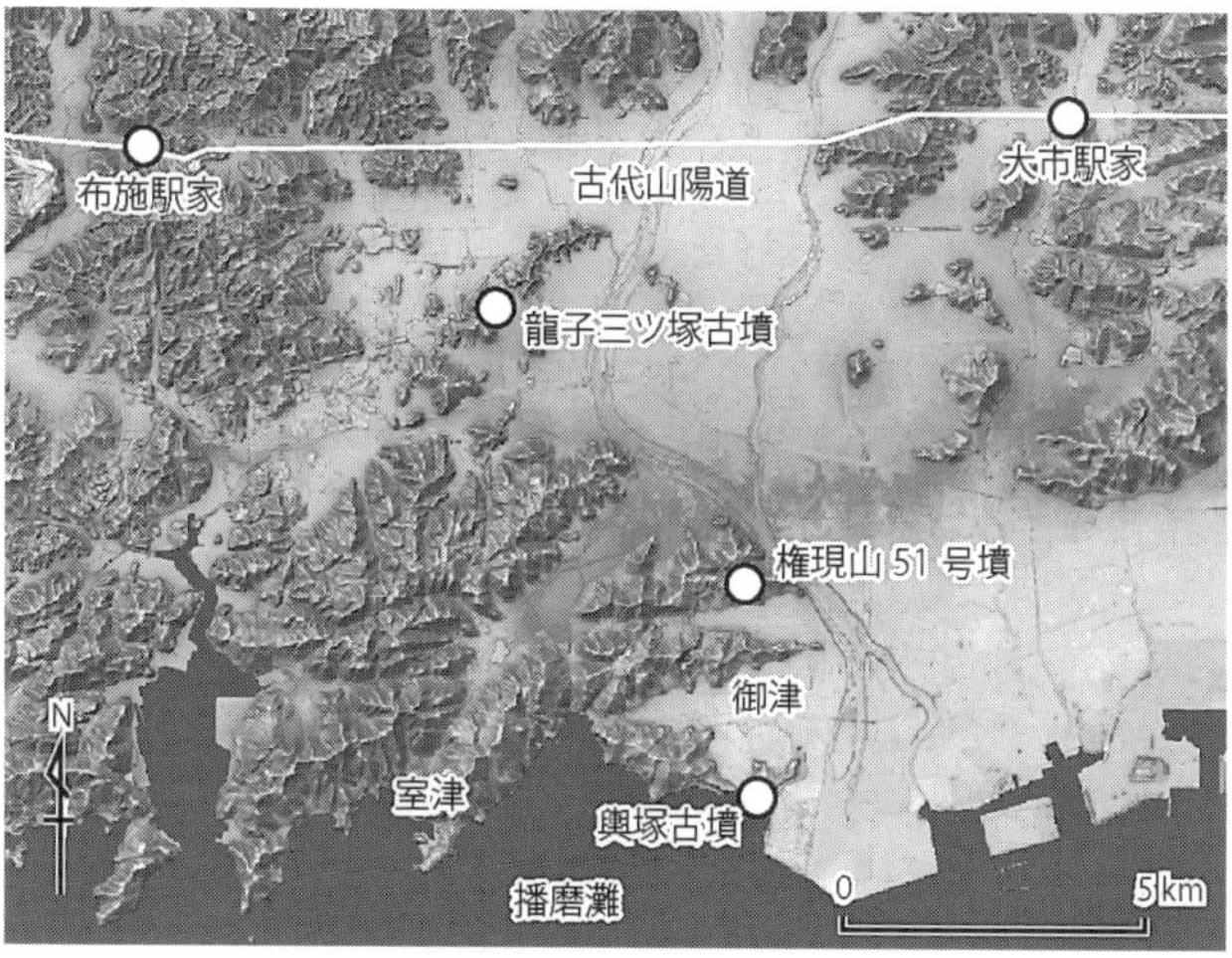

図16　揖保川流域の遺跡分布と地形（カシミール3D© 画像を改変）

図17　権現山51号墳方面から見た御津の平野部（筆者撮影）

海岸である室津湾の東側の入江に位置し、奈良時代には行基《ぎようき》によって「摂播五泊」のひとつとして整備され、『万葉集』にも、

室の浦の瀬戸の崎なる鳴島の磯越す波に濡れにけるかも（一二―三一六四）

とうたわれている。室津は中世以降も瀬戸内海の航路上の重要な港のひとつとして栄え、江戸時代には朝鮮通信使の逗留《とうりゆう》場、西国大名の参勤交代の宿場町としても繁栄を極めた。

しかし御津と室津は立地条件に大きな違いがある。御津は、現在では狭い砂浜海岸が存在するのみで港としての機能をほぼ失っているが、かつては潟湖地形が発達した、天然の良港であったと考えられる。一方、室津は現在でも港としての機能を維持しており、また地形的にはリアス式海岸にともなう狭い入江である。こうした立地条件の違いが、港の機能もしくは歴史的変遷とどのように関係するかを具体的に見ていきたい。

御津—神功皇后の伝説の港

御津は揖保川下流域においても、古い時代から有力な勢力を誇った地域と考えられている。播磨灘を見下ろす綾部山丘陵には、弥生時代後期にさかのぼる綾部山古墳群が立地し、このうち綾部山三九号墓（弥生時代後期）では、墳丘こそ確認されていないが、箱形木棺を竪穴式石槨で覆ってその周囲に河原石を積んだ主体部（埋葬施設）が見つかっている。こうした構造の主体部は、対岸の四

国である讃岐・阿波地域の古墳出現期における、積石塚と呼ばれる特徴的な墳墓のそれと類似している。こうしたことから、これらの地域となんらかの関連があったことを示唆している。

また、北側の丘陵の尾根上には権現山《ごんげんやま》古墳群が立地しており、なかでも全長四三メートルの前方後方墳である権現山五一号墳（古墳時代前期前半）からは五面の三角縁神獣鏡《さんかくぶちしんじゅうきょう》と特殊器台型埴輪が出土している。三角縁神獣鏡は古墳時代前期に特徴的な型式の鏡であり、中国大陸からもたらされた舶載品《はくさいひん》と考えられているが、これらは畿内のヤマト政権が主導して入手し、その後、ヤマト政権を支持する各地の有力な首長に分配されたと考えられている。すなわち、三角縁神獣鏡を出土する古墳に葬られた人物は、ヤマト政権を支持する有力な地方首長のひとりであった可能性が高いのである。また、特殊器台型埴輪は、もともと弥生時代後期の吉備《きび》や出雲《いずも》の墳墓で用いられた特殊器台と呼ばれる特別な土器から変化した埴輪であり、古墳時代前期の畿内においては、箸墓《はしはか》古墳や西殿塚古墳といったヤマト政権の指導者たちの墓と考えられる前方後円墳に特別に用いられたものなのである。こうした特殊な埴輪がこの古墳から出土したということは、やはりこの古墳の被葬者はヤマト政権と深いつながりがあったことをうかがわせる。さらには、特殊器台がもともと用いられていた吉備や出雲といった地域とも、あるいはなんらかのつながりがあったのかもしれない。

さらに現在は新舞子浜と呼ばれ、かつては船越と呼ばれた砂浜海岸をはさんで綾部山丘陵の東にある基山の頂上には、全長一〇〇メートルにおよぶ揖保川流域最大の前方後円墳である輿塚古墳（古墳時代前期後半）が立地する（図17）。こうしたことから、この地域は古墳時代においては東西および南北の地域と交流を持つ一大地域勢力が存在したと考えられ、その背景に交通の結節点としての港の存在があったことが想定される。

現在の御津の港としての機能は、西側の入江の岩見港が担っているが、それは小規模なものであり、もともとの位置ではないように思われる。つまり、御津においてもかつては潟湖地形が発達し、そのラグーンが港として用いられていたものの、そののちラグーンが埋まって陸化したという可能性が想定されるのである。

『播磨国風土記』の記述を参照すると、御津の周辺で港に関連した記述として次のようなものを挙げることができる。

・御津。息長帯日売《おきながたらしひめ》の命《みこと》（神功皇后）が、乗られた御船を停泊なさった港である。だから御港の意味で御津と名付けた。

・伊都《いつ》村。伊都というわけは、（神功）皇后のお召し船の水夫らが言ったことには、「将来のイツ（何時）か、この見えているところに行き着いて暮したいものだなあ。いい村だ」と言った。だから、伊都というのである。

・宇須伎津《うずきのつ》。右の地を、宇須伎と名付けたわけは、大帯日売《おおたらしひめ》の命（神功皇后）が韓《から》の国を平定しようとして海を渡って行かれた時に、お乗りになった船が宇頭川の泊に宿られた。ここの泊から伊都に海を渡って行かれた時に、たまたま正面から吹きつける颪にあい、前進することができなくて、（回り道して）船越を経て御船を山越しさせたが、御船はなおもまた進むことができなかった。そこで村民らを追加して出てこさせ、御船を引かせた。そのとき、村の女が（作業中の）わが子を水中から助け上げようとして入江に自分が落ちてしまった。だから女の姿がウス（失す）ということから、宇須伎と名付けた。［今の言葉ではイハスクという］

このうち伊都については、現在の地名でその位置をたどると、現在の御津町の集落が広がる平野部の奥にあり、内陸に位置している。また宇須伎津の段では、宇頭川の泊（現在の網干周辺と想定されている）を出発した後、船越において船を山越しさせて伊都に向かうとの記述があるが、船越は現在の新舞子浜に相当する。山越しとは文字通り、陸上で船を牽引することであるが、船越の海岸を越えてもその先は平野部であり、そのまま陸上で船を引っ張って伊都までたどりつくというのは、不自然と考えざるをえない。

ここで当時の地形を復元することで、このルートを再検討することとしてみたい。国土地理院発行の『治水地形分類図』を参照すると、揖保川下流域の平野部には揖保川の旧河道の痕跡が網の目のように残されており、かつては氾濫原《はんらんげん》が展開していたことが推定される。また御津町の平野部はかつては湿地帯であることも示されている。こうした地理的状況に基づいてかつての海岸線を復元すると、図18のように御津の中心部にはラグーンが入り込む潟湖地形が広がっていたと推定される。

それによると、伊都はラグーンに面しており、船越は綾部山丘陵と基山をつなぐ砂州状の地形となる。この復元案に基づいて『播磨国風土記』の記述を追うと、船越を越えた船はラグーンに入り、そのまま水路で伊都に到るというルートが復元できる。すると宇須伎津の位置は船越の少し北側の、ラグーンに面した位置にあったと考えられる。

ところが今日では、宇須伎津は魚吹八幡神社が立地する網干《あぼし》周辺にあったとする説が一般的である。しかしそれではルートの前後関係に矛盾が生じる。おそらく、同じく網干周辺にあったと想定される宇頭川の泊と混同されたものであり、復元された地形、および再

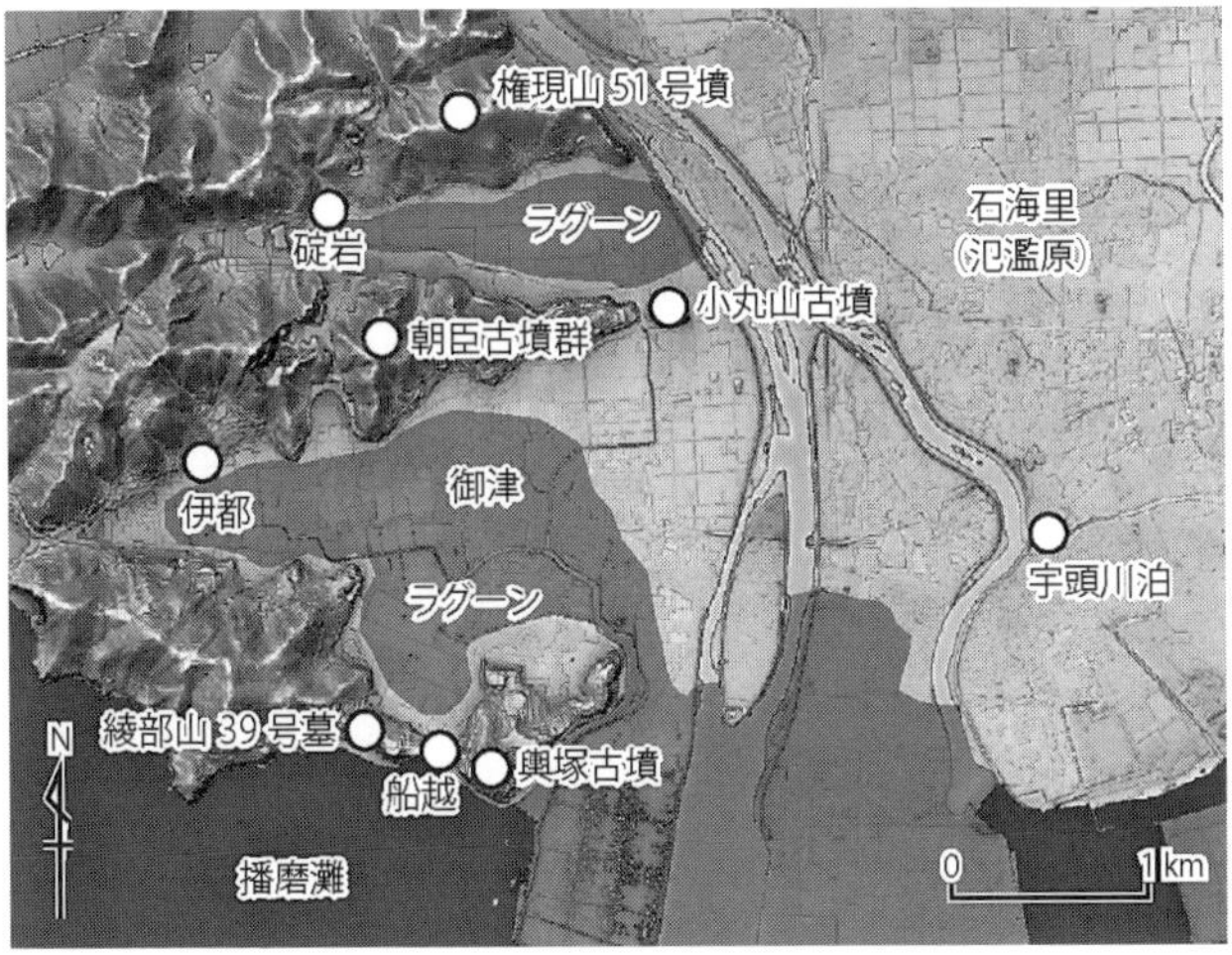

図18　御津周辺の遺跡分布と古地形復元案（カシミール3D© 画像を改変）

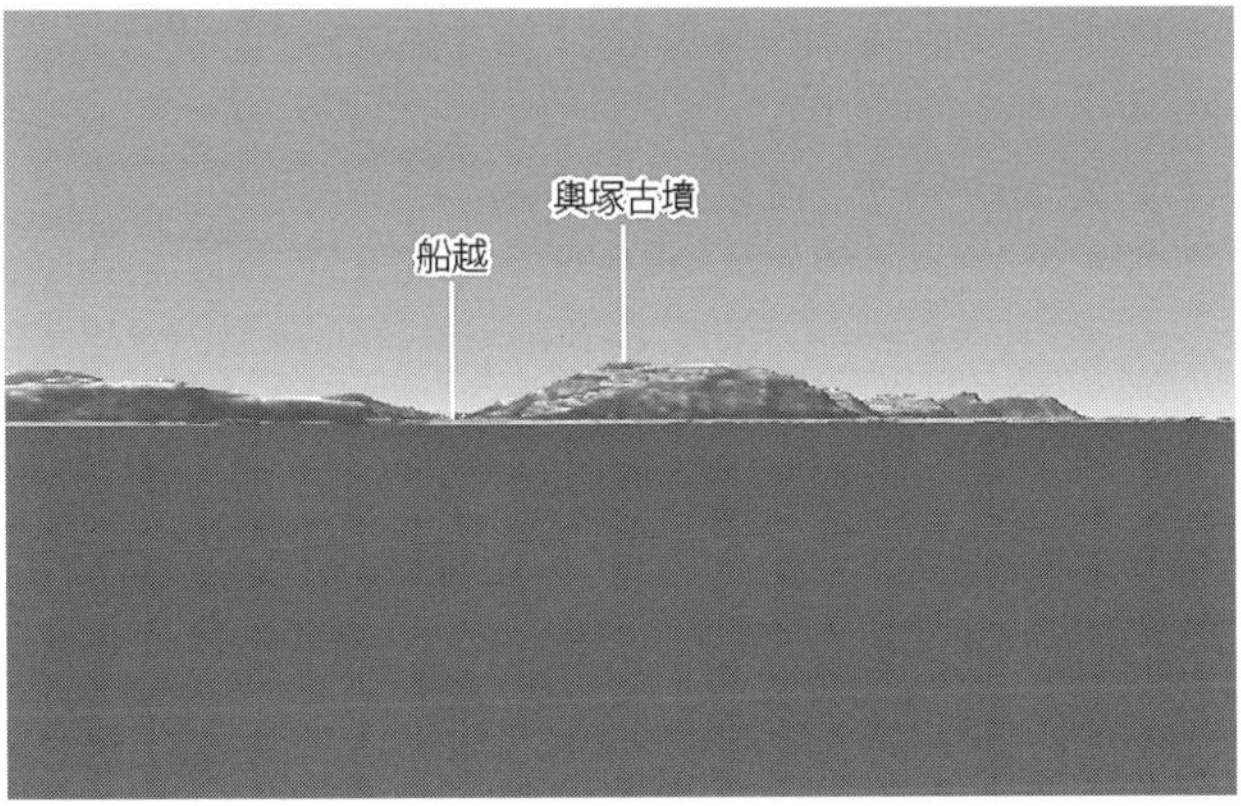

図19　海から御津方面を望んだ際の視認範囲（カシミール3D© 画像を改変）

検討されたルートに沿って考えても、宇須伎津はかつての内海のほとりに位置しており、現在は「埋もれた港」となっていると考えるのが妥当であろう。

また権現山古墳群の南西には神功皇后の御船を泊めた伝承が残る「碇岩《いかりいわ》」という岩と地名が残されるが、復元案ではこのあたりまでラグーンが入り込んでいたと想定され、権現山古墳群のふもとまで海が入り込んでいたという景観が復元される。

この復元案に従うと、御津の港はかつての潟湖地形を利用して立地しており、その周辺に集落や古墳群が展開していたと推定される。ただしこのラグーンは水深の浅い、湿地帯のような状態にあり、そのため『播磨国風土記』の宇須伎津の段に描写されるように、しばしば湿地帯のなかを人力で船を引くことを、人夫が湿地に足をとられて溺れてしまう危険を冒してまでも、要したのだと考えられる。

ラグーンに入るのにわざわざ船越を山越しさせた理由としては、『播磨国風土記』の記述にあるように風向きの問題で進むことができなかったことに加え、揖保川河口部を経由して東側からラグーンに侵入するのは困難だったという可能性も指摘できる。当時の河口部は、川から運ばれてきた沖積土壌が堆積し、ヨシなどの水草が多い茂る泥湿地帯であったと推定される。『万葉集』などの文献に「葦《よし》分け小舟」という表現を散見するが、これはヨシが多い茂る湿地帯を船で進むことになぞらえて「困難」を意味する常套句となっている。こうした表現が古代において慣用句だったのは、船で湿地帯を進む光景が日常的に繰り広げられていたからに他ならないだろう。

このように古代における御津の景観は今日のそれとは大きく異なり、潟湖地形による港津の景観が展開していたことが想定される。ただしその水深は浅い湿地帯のような状況なので、喫水の浅い船船にとっては穏やかな良港であったが、一方で喫水の深い大型の船による利用は難しかったと考えられる。しかし逆に、当時の船が喫水の浅い船だからこそ、船越を山越しさせるという運用が可能であったとも考えられる。

海から見た御津の景観

次に御津を実際に海から眺めた景観について検討してみたい。御津の沿岸の海から眺めると、輿塚古墳が立地する基山《もといやま》を正面に望み、その西側に内海への入口である船越が位置している（図19、20）。古墳時代には基山の樹木は伐採されていたと想定されるので、海上からも輿塚古墳の墳丘をよく視認することができたと考えられる。一方で、海上からは権現山五一号墳の存在を直接視認することはできない。手前の丘陵の陰に隠れてしまうのである。

一方で、権現山五一号墳から南の瀬戸内海方面を望むと、御津の現在の平野部の様子を

図20　海から御津方面を望んだ様子（筆者撮影）

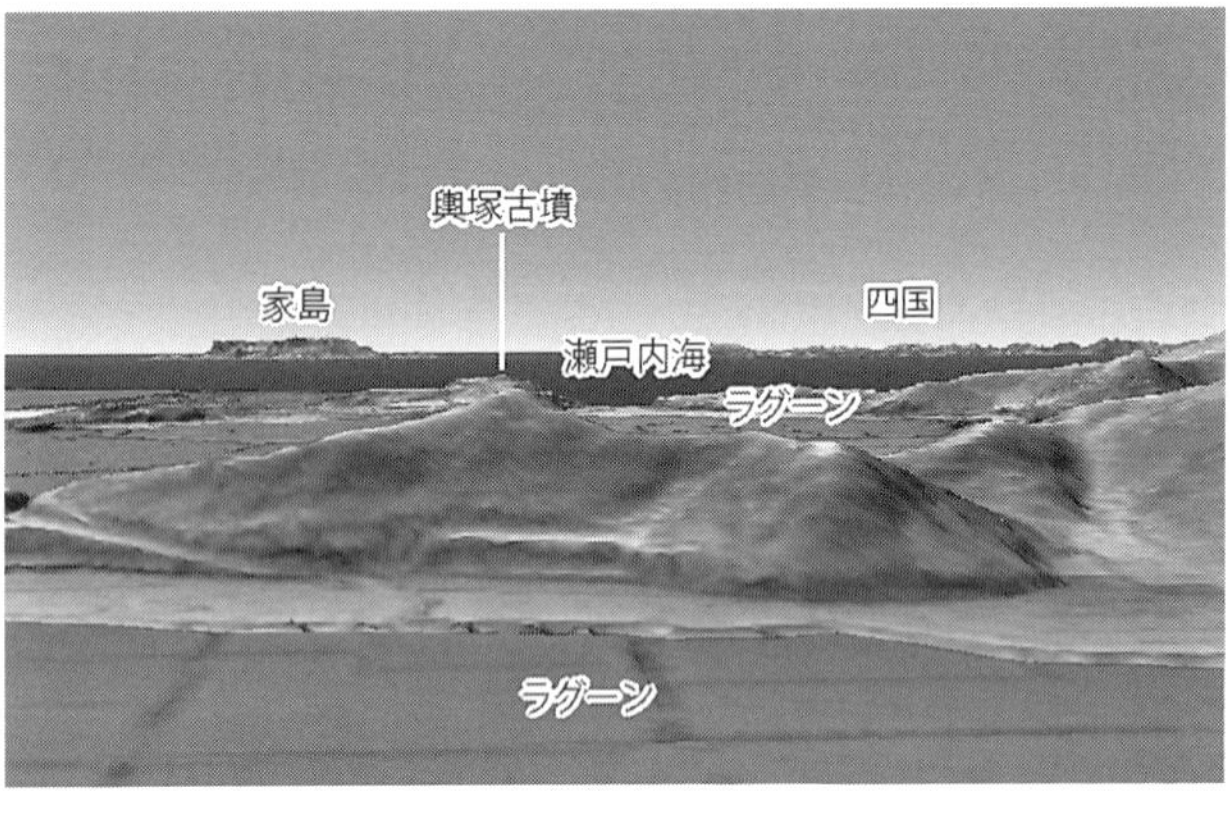

図21　権現山51号墳から瀬戸内海方面を望んだ際の視認範囲
（カシミール3D© 画像を改変）

眺めることができるのと同時に、部分的に瀬戸内海まで見通すことができる（図21）。現在の平野部の大部分は、かつてはラグーンであったと想定されるので、実際には御津の港津の様子を見下ろすことができたと考えられる。

このように眺望・景観という観点から見ると権現山五一号墳と輿塚古墳はその役割が大きく異なることがわかる。権現山五一号墳は御津の領域を見下ろすのにふさわしい位置に立地している。古代の首長にとって、高い場所から自分の支配する土地を眺める「国見」という行為が重要であったと考えられているが、まさにこの古墳は「国見」をおこなうのにふさわしい場所に立地している。

一方、輿塚古墳は瀬戸内海を見下ろすと同時に、海上を行き来する船から眺めるのにふさわしい位置に立地している。前章で見た丹後半島の神明山古墳（古墳時代前期後半）・網野銚子山古墳（古墳時代前期後半）や、明石海峡の際に立地する五色塚古墳（古墳時代前期後半）も、海上から眺められることを意識して建造されているといわれているが、輿塚古墳も同様に「海からの視点」を意識した作りであると考えられる。これらの古墳がいずれも古墳時代前期後半という、ほぼ同じ時期に建造されているという事実もまた興味深い。

そして御津においては、古墳時代前期前半（三世紀なかば）の権現山五一号墳から古墳時代前期後半（四世紀後半）の輿塚古墳にいたるおよそ一〇〇年間の間に、この地の首長の関心は、より瀬戸内海の海上交通を重視したものに変化し、海から見たモニュメントとしての古墳という役割が重視されるようになった、という歴史的過程を想定することができる。

室津—行基が整備した港

室津は、御津の西側、藻振鼻と金ヶ崎に囲われた室津湾の東側の入江に位置する（図22）。伝承では神武東征の際に港が置かれたとされるが、『播磨国風土記』には風を防ぐ地形にちなんで室津と名づけられたことが記されている。奈良時代には行基によって「摂播五泊」、すなわち摂津・播磨の五つの拠点的な港のひとつとして整備されたとされる。行基は東大寺の大仏建立に協力した人物として知られているが、各地においても様々な土木事業に関与したといわれている。さらに『万葉集』にも、室津および沖合の唐荷島の様子を歌ったものを見ることができる。

このうち『播磨国風土記』の記述は以下の通りである。

・室原の泊　室と名づけたわけは、この港が、風を防ぐことはまるで室のように完全である。だから、それによって名としたのである。

・韓荷の嶋　韓人の壊れた船とただよっていた荷物とが、この嶋に漂着した。だから、

図22　現在の室津の港の様子（筆者撮影）

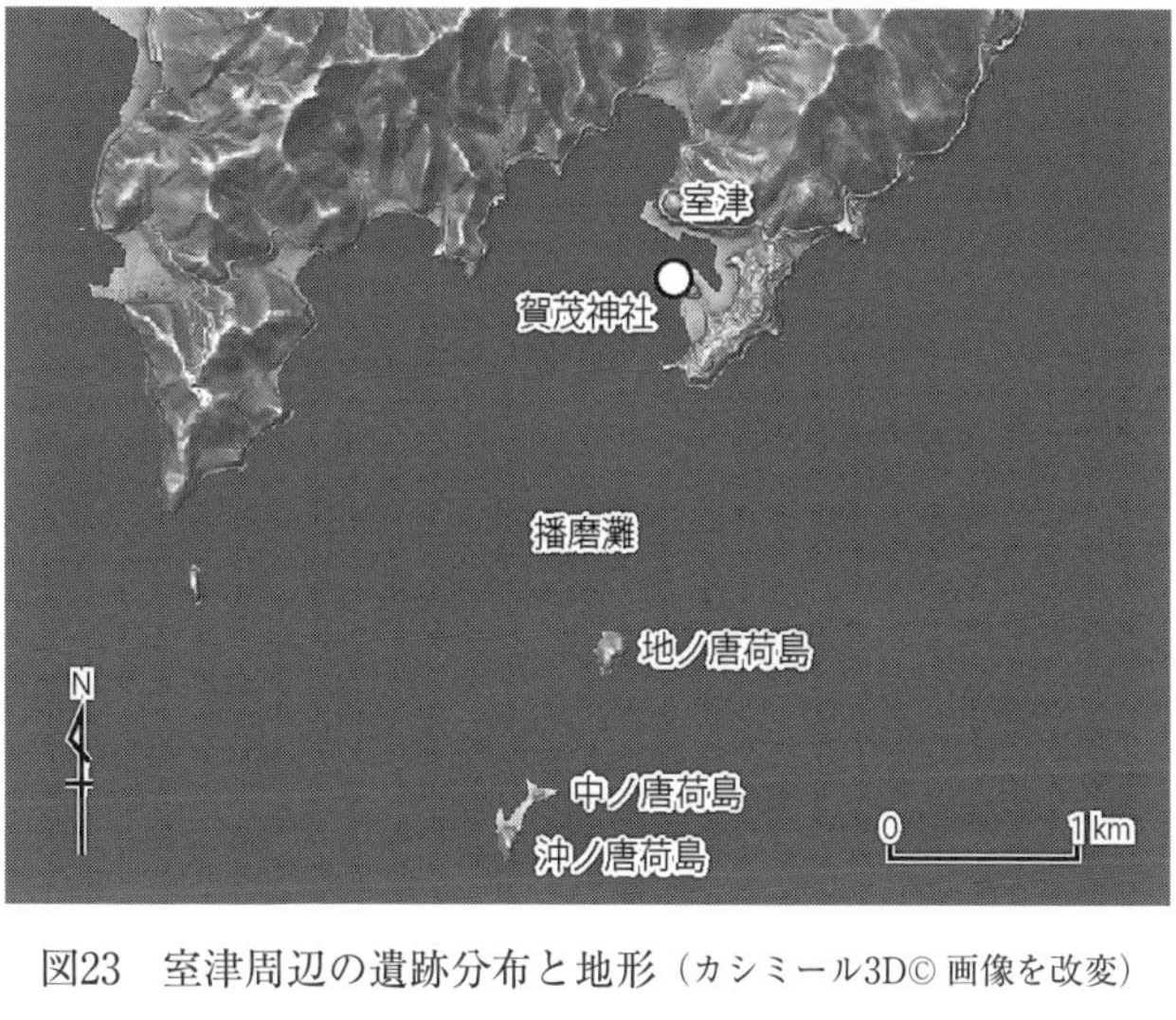

図23　室津周辺の遺跡分布と地形（カシミール3D© 画像を改変）

韓荷の嶋と名づけた。

また『万葉集』には次の歌が収められている。

あじさはふ　妹が目かれて　しきたへの　枕もまかず　桜皮《かには》まき　作れる舟に　真楫《まかじ》貫《ぬ》き　わがこぎ来れば　淡路の　野島も過ぎ　印南《いなみ》つま　辛荷《からに》の島の　島の際《ま》ゆ　吾家《わぎへ》を見れば　青山の　其処《そこ》とも見えず　白雲も　千重《ちへ》になり来ぬ　こぎ廻むる　浦のことごと　往き隠る　島の崎崎　隈も置かず　思ひぞわが来る　旅の日《け》長み（六―九四二、山部赤人作）

玉藻刈る辛荷の島に島廻《み》する鵜《う》にしもあれや家思はざらむ（六―九四三、上の反歌）

室の浦の瀬戸の崎なる鳴島の磯越す波に濡れにけるかも（一二―三一六四、読人不知）

室津はしかし御津とは異なり、その周辺には平野がほとんど存在せず、古墳時代以前の遺跡もほとんど分布していない（図23）。入江の周囲は切り立った崖に囲まれており、水深は深いが砂浜はほとんど形成されていない。こうした地形的な制約や、生産力の基盤となる後背地を持たないことから、御津のような地域の首長の勢力が発達しなかったものと考えられる。

一方で、奈良時代以降には港としての重要性が増加したことが想定される。室津周辺の景観が『万葉集』にうたわれていることから、この地が当該期には広く認知されるようになったことがうかがえるのに対し、御津にまつわる歌は収録されていないことから、この地域における拠点的な港の役割が御津から室津へ移行したことが想定される。

こうした移行の背景にはいったい何があったのだろうか。

ひとつの可能性として、遣唐使船《けんとうしせん》をはじめとする大型の船が、奈良時代以降に導入されたことと関係があると推測することができる。大型船は喫水が深いため、古墳時代以来の拠点的な港であった御津に停泊することは難しく、代わりに水深の深い入江に立地する室津が新しい港として選択されたと考えられる。

『播磨国風土記』には唐荷島について「韓人《からひと》の壊れた船と漂っていた荷物とがこの島に漂着し、だから韓荷の嶋と名づけた」と記述しているが、この伝承の背景として、室津周辺に大陸・半島との対外交易に携わる船舶が往来していた状況が示唆される。また室津を整備した行基も、渡来系氏族である高志氏の出身といわれていることも示唆的である。

室津は中世以降も瀬戸内海の海上交通における風待ち、潮待ちの港として利用され続けた。鎌倉時代には、木曽義仲の第三夫人である山吹御前と、浄土宗の開祖である法然上人に関する伝承を残しているが、港町と遊女との関わりを示すエピソードとしても興味深い。

また江戸時代には、西国大名の参勤交代時における寄港地、および朝鮮通信使の逗留地としても栄え、大名の宿泊地である本陣が六軒も置かれた。

海から見た室津の景観

室津を実際に海から眺めてみると、港の中心部は入江の、ふところ深くに位置しているので直接視認することができない。しかしその手前にある岬上に立地する賀茂神社を正面に視認することができる（図24、25）。なお、賀茂神社の境内配置は、拝殿が本殿と隔てて外海側の崖際に建つ「飛び拝殿」という珍しい形式であり、海側から遥拝することを意識したつくりとなっている。現在は樹木のために海からこれらの建造物を視認することは難しいが、かつては海からの視点を意識した作りであったとも考えられる。

「浅い港」と「深い港」

このように御津と室津を比較すると、その立地条件および港の性格が異なることがわかる。すなわち、御津はラグーンのある潟湖地形を利用した、水深の浅い港であるのに対し、室津はリアス式海岸の入江による、水深の深い港である。いわば御津は「浅い港」、室津は「深い港」と呼ぶことができるだろう。そして「浅い津」は、古墳時代まで用いられていた、比較的小型で、喫水の浅い船を停泊させるのに適しているのに対し、「深い港」は、飛鳥時代・奈良時代以降に導入された遣

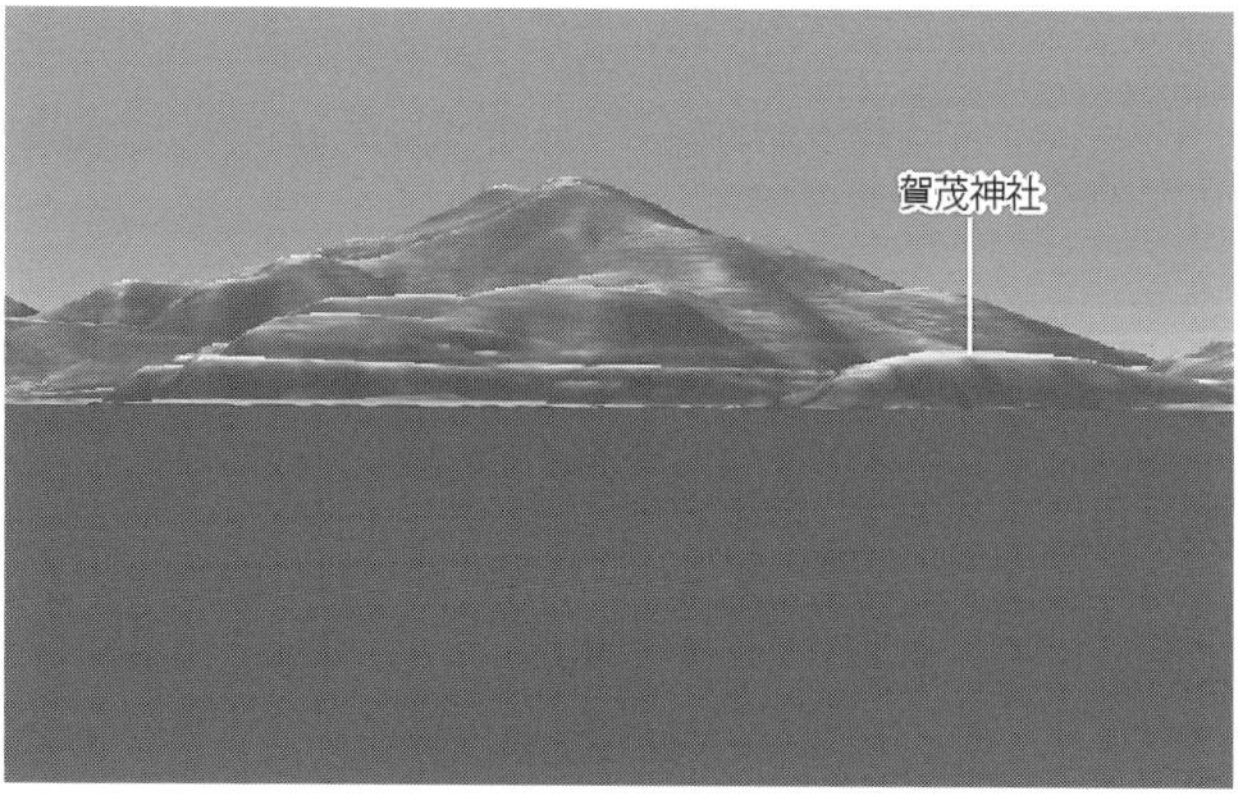

図24　海から室津方面を望んだ際の視認範囲（カシミール3D© 画像を改変）

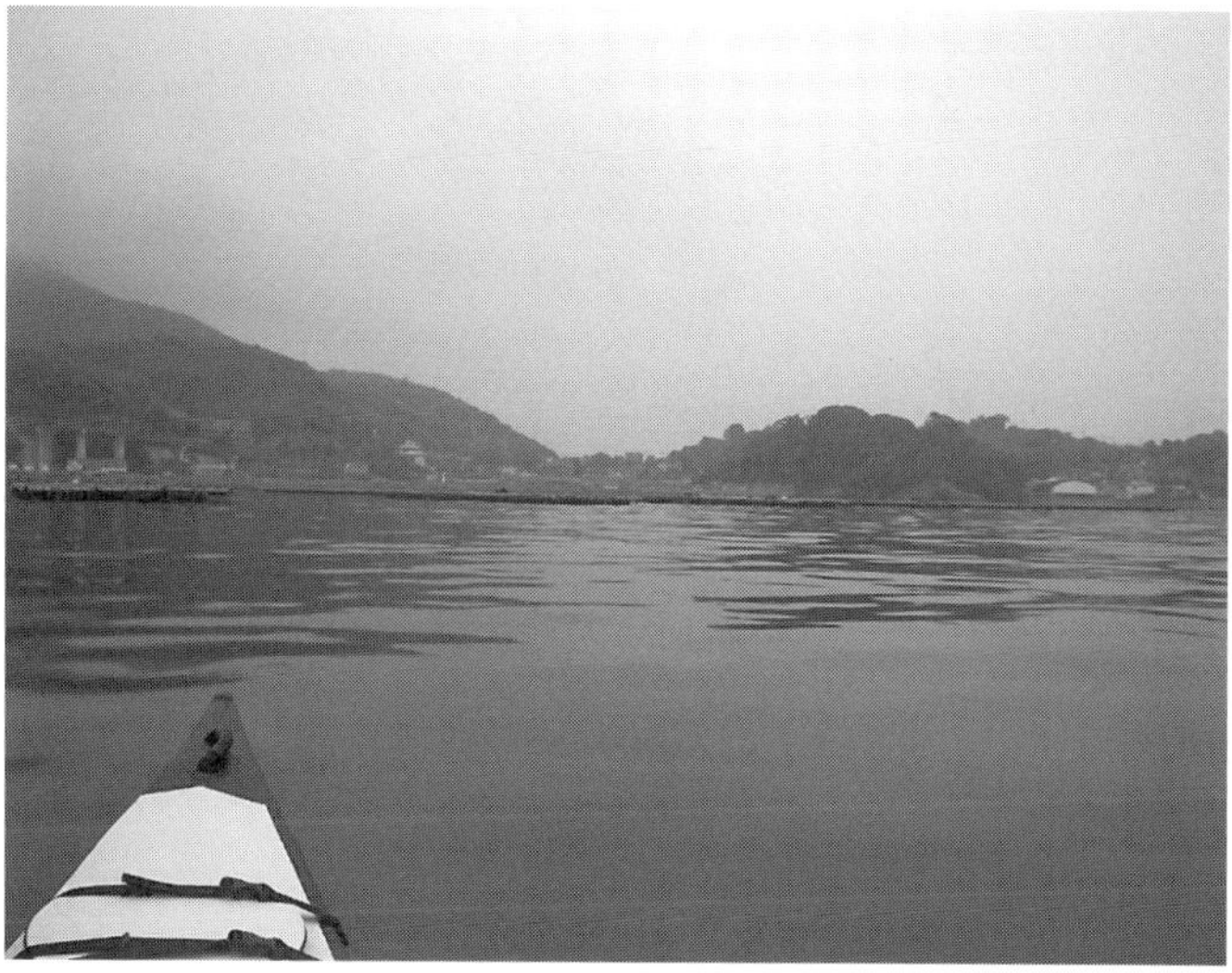

図25　海から室津方面を望んだ様子（筆者撮影）

唐使船のような、喫水の深い大型の船を停泊させるのに適している。そして歴史的には、港の立地条件は「浅い港」から「深い港」へと移行していったことが想定される。「浅い港」と「深い港」という区分が、日本列島の他の地域でもあてはまるのかどうかについて、すこし検討してみることとしたい。

前の章でとりあげた丹後半島の竹野、網野、さらに府中、久美浜といった潟湖地形を利用した港はいずれも「浅い港」に分類されるだろう。このうち竹野と網野については、古墳時代には大型の前方後円墳が建造されるなど、港として重要視されていたことが想定されるが、その後、ラグーンが陸化し、潟湖地形が消滅することで、港としての機能を失ったと考えられる。こうした歴史的な変遷は、御津の場合と同じ様相を示す。しかしながら府中や久美浜は、その後の時代まで潟湖地形は残されており、港としての機能も存続していたと考えられる。例えば府中は、古代以降も丹後地域の中心的な港津として機能していたようで、雪舟《せっしゅう》の「天橋立図」には一五世紀頃の中世の府中の様子が描写されており、そこではいくつもの船が内海の内側と外側の両方に浮かんでいる様子を見ることができる。江戸時代以降、政治的な中心は細川藤孝が築いた宮津城の周辺に移るが、北前船の寄港地として、また天橋立を擁する名勝地として、その繁栄は継続したと考えられる。

一方、「深い港」の類例としては、ここでは備後国の鞆の浦と、能登国の福浦《ふくら》をとりあげてみたい。

鞆の浦―瀬戸内海の分岐点

鞆の浦（広島県福山市）は『万葉集』（三―四四六・四四七、七―一一八二・一一八三）にもうたわれており、古代から重要な港とみなされていたようである。燧灘を望む沼隈半島の南端に立地し、水深の深い入江を擁しているが、平野部は狭小である。周辺に後背地が存在せず、古墳時代以前の遺跡の分布も希薄である（図26）。

鞆の浦が港として重視されたのは、船を停泊させる入江があるという機能以上に、この地が瀬戸内海において潮流が逆転する地点にあるからとも考えられる。瀬戸内海の海流は満潮時に豊後水道や紀伊水道から瀬戸内海に流れ込み、瀬戸内海のほぼ中央に位置する鞆の浦の沖でぶつかり、逆に干潮時には鞆の浦沖を境にして東西に分かれて流れ出してゆく。つまり鞆の浦は瀬戸内海の中心に位置し、東西航路上、最も重要な潮待ちの港としての役割を果たしていたのである。

鞆の浦の繁栄は中世以降も続き、室町時代には幕府の発祥と終焉の舞台となったといわれている。すなわち、初代将軍の足利尊氏は、この鞆の地で征夷大将軍任命の院宣を受け

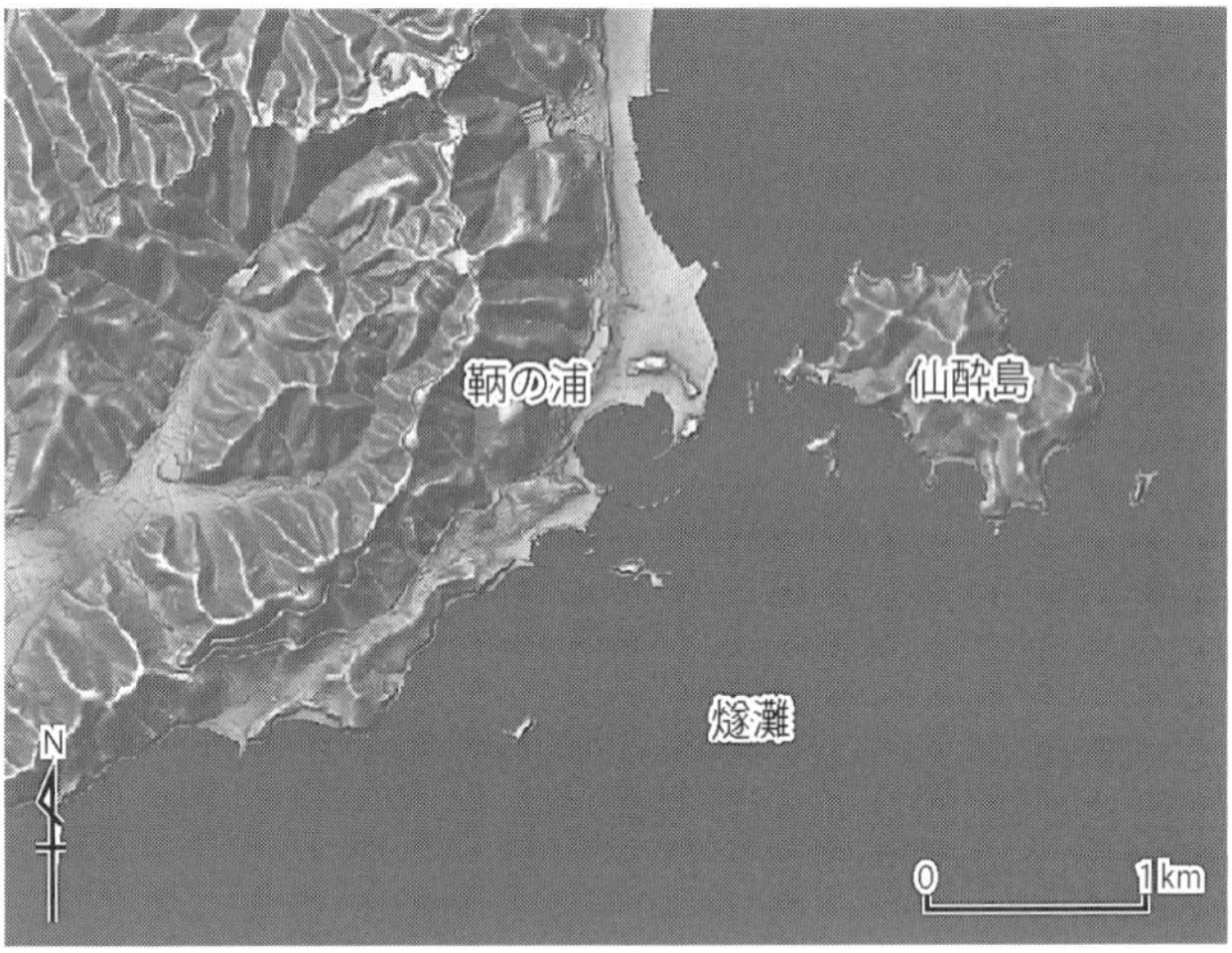

図26　鞆の浦周辺の遺跡分布と地形（カシミール3D© 画像を改変）

図27　現在の鞆の浦の港の様子（筆者撮影）

取ったといわれており、最後の将軍の足利義昭は、織田信長によって京から追放された後、毛利氏を頼って鞆の地に落ち延びたといわれている。さらに江戸時代には朝鮮通信使の逗留地、潮待ちの港として繁栄し、今日にもその港町の景観を残している（図27）。

福浦—渤海との海の窓口

福浦（石川県羽咋郡）は、かつて福良津と呼ばれ、能登半島のリアス式海岸に立地し、平野部は狭小であるが、水深が深く、二股に分かれたふところの深い入江を擁する良港である（図28）。やはり古墳時代以前の遺跡の分布は希薄であるが、奈良時代には渤海《ぼっかい》との交流の窓口として重要な役割を果たした。一四次にわたる遣渤海使に加え、三四回におよぶ渤海から渡来した渤海使の多くがこの港津に拠り、延暦二三年（八〇四）にはこの地に迎賓館《げいひんかん》にあたる能登客院が設置されたといわれている。福良津は渤海使船が逗留した時、その船の修理もおこなったといわれている。渤海は九二六年に滅亡するが、この地はそれ以降も繁栄を続け、近世には北前船の寄港地として数十軒の廻船問屋や数多くの遊女を抱える置屋が軒を連ねたといわれており、現在でも一部に往時の景観を残している（図29）。

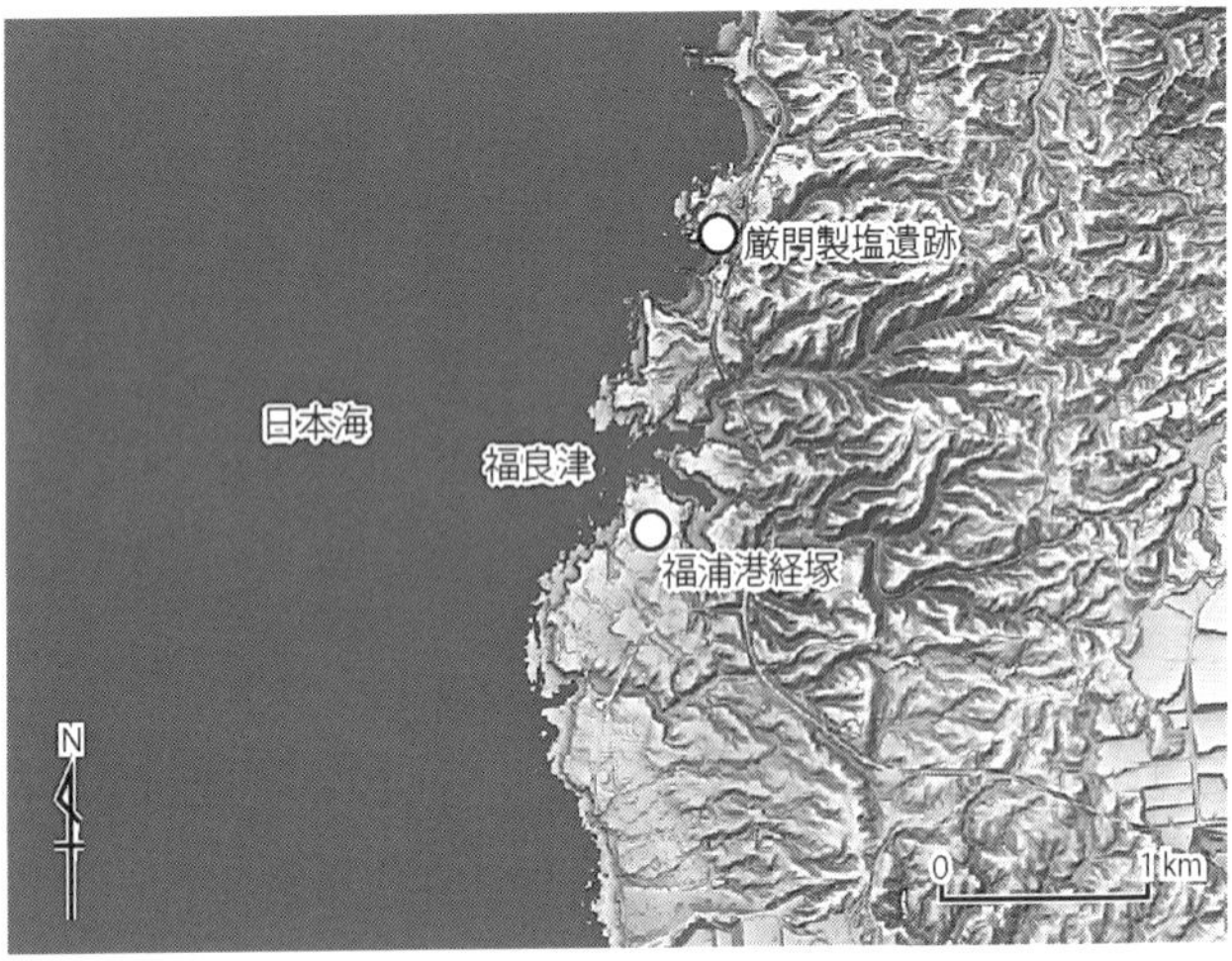

図28　福浦周辺の遺跡分布と地形（カシミール3D© 画像を改変）

図29　現在の福浦の港の様子（筆者撮影）

鞆の浦も福浦も、奈良時代以降に港として重視されるようになり、その後、中世以降も引き続き重要な港として機能し続けた。このような様相は、室津のそれと同様である。

古代における港の立地の転換

このように播磨国揖保川下流域において見られた、「浅い港」と「深い港」という二つのタイプの港の分類は、他の地域においてもあてはまる可能性が高いと考えられる。そして大きな流れとしては、「浅い港」から「深い港」への変遷が、奈良時代の前後の時期におこったと考えられる。すなわち「浅い港」は、古墳時代以前の伝統的な港の様相を継承しているが、そのうちのいくつかはラグーンが陸化することにより港としての機能を喪失していった。一方、「深い港」は、遣唐使船などの大型の船の導入を背景に新しく成立した港と考えられ、中世以降も重要な港として機能し続けたものが多い。しかし、大型の船が用いられるようになった時期以降も、おそらく漁船など小型の船にとっては、従来の「浅い港」も港として用いられ続けたと考えられる。そのため、内海が陸化することなく、潟湖地形が残された場所においては、「浅い港」も良港として使用され続けたものと考えられる。

すなわち近代以前の日本においては、このような「浅い港」と「深い港」という二つのタイプの港が並存し、利用されてきたと考えられるのである。しかし近代になり、西洋式の喫水の深い大型の船が導入されることによって、これまでより水深の深い港が必要とされ、それにあわせて近代的な築港技術が導入されることで、港として求められる条件も大きく変化したと考えられるのである。

古代の船の構造

様々な古代の船

古代の港について考えるにあたっては、同時に古代の船の構造を考えることが不可欠である。

古代の日本列島にはいくつか異なる構造の船が存在したと想定されるが、考古資料や文献史料、民俗資料などから推定すると、以下のようになるだろう。

①丸木船、②準構造船、③構造船、④イカダ船、⑤カゴ船、⑥草船、⑦その他（樹皮船・獣皮船など）

以下では、それぞれの形式の船の構造およびその時期的な変化について検討してみよう。

丸木船

丸木船はもっとも原始的な構造の船のひとつで、一本の丸太を刳り貫いただけの単純な構造である。日本では縄文時代以来、先史時代には広く用いられていた。丸木船は原始的な構造である半面、浮沈構造でもあるので、準構造船・構造船が現れた後の時代にいたっても長期的に使用され続けたと考えられる。古墳時代にも広く用いられていたが、この段階になると丸木を前後に接いで大型化した「複材刳舟」が作られた。大阪府鼬川《いたちがわ》出土の丸木船は二本のクス材を接ぎ、その長さは一一メートルあまり、接合部分の幅は一・四メートルにおよんでいる。続く奈良時代・平安時代においても丸木船は使用され続け、山形県旧藤島町（現鶴岡市）からは奈良時代末期から平安時代中期頃の時期の遺跡から、長さ一二メートルにおよぶ丸木船が出土している。丸木船は古代以降にも使用され続け、民俗例として種子島のマルキブネや男鹿のエグリブネなどがみとめられる。

準構造船

準構造船は、丸木船の側面に舷側《げんそく》板と呼ばれる板を継ぎ足し、大型化したものである。日本では弥生時代に現れたと考えられ、滋賀県守山市赤野井浜遺跡で最古の出土例（弥生時代中期）がある。古墳時代には、舷側板と想定される木材が大阪府蔀屋北《しとみやきた》遺跡（古墳時代中期）などで出土しているほか、装飾古墳壁画（福岡県珍《めずらし》塚《づか》古墳・同鳥船塚古墳など)、絵画土器(奈良県東殿塚古墳出土埴輪など)などの絵画資料からも、その姿をうかがい知ることができるのに加え、船形埴輪によってもその具体的な構造をうかがうことができる。それによると、古墳時代の準構造船の構造は二種に大別することができる(図30)。ひとつは丸木船に由来する船底部の側面に左右の舷側板を垂直に立てる形式のもの(右)、もうひとつは船底部の側面に左右の舷側板を垂直に立て、さらにその端を波切板と呼ばれる立板によって閉じることで、船底部の前後の端部が突出し、船首船尾ともに二股となったような船体をなす形式のもの(左)である。後者の形式は二股船と呼ばれるもので、大阪府久宝寺遺跡(弥生時代末~古墳時代初頭)から実物の資料の出土例がある他、民族例としてインドネシアのマドゥラ島のアリスアリスと呼ばれる船がこうした形式を示すが、日本の民俗事例に類例を見出すことはできない。

古墳時代の準構造船において板を矧《は》ぎ合せる技法には、板に孔を穿《うが》って縄や樹皮で結縛する方法(縫合船)と、ホゾ穴・ホゾ溝および木栓を用いて接合する「ホゾ差し」技法がみとめられる。前者の事例として、舷側版をサクラの樹皮で結縛した出土事例が守山市下長遺跡(古墳時代前期)から見つかっている。『万葉集』の山部赤人の歌(六—九四二)に「桜皮《かには》まき作れる舟に」と表現される船が登場するが、これも同様にサクラの樹皮で結縛

図30　大阪府長原遺跡・高廻り2号墳から出土した2種類の船形埴輪（出典：公益財団法人大阪市博物館協会・大阪文化財研究所　一部改変）

図31　『吉備大臣入唐絵詞』に描かれた遣唐使船

した縫合船であることが示唆される。民俗例においては、同様の縫合船が二〇世紀初頭まで東北地方北部でも使用されていた。いっぽう後者の事例としては、大阪府久宝寺出土事例において、船底部と波切板をホゾ穴と木栓によって結合し、波切板と舷側版ゾ溝で結合する技法がみとめられる。こうした「ホゾ差し」技法は、民俗事例では対馬筏船の接合部や韓国西海岸の構造船の船底部の接合にみとめられるが、日本の民俗例ではあまり見出せない技法である。

古墳時代以降の準構造船については出土例に乏しく、福井県和田防町遺跡では転用井戸枠材として奈良時代後期の準構造船の船底部が出土しており、幅一・一メートルの湾曲した刳り材の両側縁に、舷側板を結縛するための孔が穿たれていた。

中世以降になると、より大型の和船が建造されるようになったと考えられているが、和船も基本的には準構造船から発達した構造の船である。すなわち、準構造船の船底部は丸木船に由来する一本の単材によって構成されているが、これを複数の材を横につなぎ合わせることにより、船体の幅を広げていこうとする方向へ進化する。こうした船底部の構造をオモキ造りと呼ぶが、その端緒と見られる資料が愛媛県松山市の平田七反地遺跡（平安時代）から出土している。これに加えて、舷側板を数段重ねてつなぎ合わせ梁で補強する、棚板造りと呼ばれる技法も導入されることによって、より大型化した和船が作られるようになった。分類上、複数の材から組み立てられた和船は構造船の一種であるが、構造的には準構造船の延長線上にあることがわかる。

なおこうした和船への進化に大きな役割を果たしたと考えられるのが、鉄製の船釘《ふねくぎ》の存在である。船釘によって、複数の材を容易につなぎ合わせることができるようになったと考えられる。しかし考古学的には、広島県草戸千軒遺跡出土の井戸枠転用材に三種類の船釘の痕跡がみとめられるのが最も古い事例であるが、それでも鎌倉時代をさかのぼることはないと考えられている。こうしたことから、古代における準構造船は、まだ小型のものにとどまっており、多くの人員と物資を一度に運搬するには次の構造船に頼らざるを得なかった。

構造船

構造船は、分類上、複数の材を組み合わせて作られた構造をもつ船のことである。古代の日本列島における構造船の登場は、遣唐使船の建造が端緒と考えられる。『続日本紀』によると、白雉元年（六五〇）に安芸国に対し「百済船《くだらぶね》」二艘の建造が命じられており、これが三年後の第二次遣唐使船に用いられたと考えられることから、この時期に日本において構造船の建造が始まったこと、さらに「百済船」

からその構造は朝鮮半島に由来するものであることが示唆される。しかし具体的に船の構造を示す考古学的な資料はまったく見つかっておらず、遣唐使船の構造についてしばしば参照されるのは鎌倉時代に描かれた『吉備大臣入唐絵詞』（一二世紀末）の絵画である。そこでは描かれた時期である宋代の中国大陸に一般的なジャンク船として描かれている（図31）。

ジャンク船は板材を横に並べた平底の船底部と、船底部から垂直に立ち上がる舷側板により構成される箱型の平底の船である。このような構造の起源は筏船にさかのぼると考えられており、日本の従来の準構造船とは異なる進化を遂げたものである。また船体の内部は複数の横方向の水密隔壁により区切られており、このような構造は日本の船にはまったく見られないものである。板をつなぐ技法としては鉄製の船釘が用いられている。

朝鮮半島の構造船についても、古い段階のものについては具体的な構造はほとんどわからない。ただし宋代以降においても、朝鮮半島の構造船は同時期のジャンク船のように材を鉄製の船釘によってつなぎ合わせるのではなく、ホゾなどによって接合していたようである。韓国全羅南道の莞島沿岸で発掘された一一世紀の構造船は、五枚の板材を貫と木製角釘で接合して平底の船底部を作り出し、舷側板を立ち上げる構造をとっている。先に述べたとおり、古代の日本においては鉄製の船釘が用いられた確証がなく、また遣唐使船の建造にあたっては朝鮮半島の造船技術が導入されたと考えられることから、少なくとも初期の遣唐使船の構造は船釘を用いない平底の構造船であった可能性が高い。

このような平底の船は、従来の準構造船に比べて船体の幅を広くとることができる利点があり、積載量を大幅に増やすことができる。第二次遣唐使船（六五三）は二艘に二四一人、第九次（七三三）では四艘に五九四人が搭乗したとあり、一艘あたり一〇〇人以上の人員と荷物を積載したと考えられる。なお奈良で二〇一〇年に開催された『平城遷都一三〇〇年祭』にあわせて復元された遣唐使船のレプリカは、全長三〇メートルに対し全幅九・六メートルと幅広の構造となっている。このように積載量の大きい船体を作るのは、単材の船底部からなる従来の準構造船では不可能であった。

しかし平底の船は、外洋を航海する上で弱点がある。それは波を切る性能を欠いていることである。

従来の準構造船は、丸木船に由来する船底部がいわば竜骨（キール）の役割を果たし、波を切りながら進むことができる。しかし平底の船はいわば海に浮かぶ巨大な箱であり、穏やかな海ならばともかく、時に荒れることもある外洋においては極めて不安定な乗り物であったことが想定される。

加えて、この時代の遣唐使船は朝鮮半島の技術によって建造されたと想定されるため、鉄製の船釘は用いられておらず、強度的にも脆弱であったことが想定される。遣唐使船はたびたび難破したことが記録されているが、こうした構造的欠陥が、度重なる遣唐使船の遭難を招いた可能性が高い。

結局、こうした中国大陸もしくは朝鮮半島に由来する平底の構造船は、八九四年の遣唐使制度の廃止以降、必要なくなり作られなくなったと考えられる。その結果、こうした構造船は日本列島の船の発展からは脱落し、中世以降には、従来の準構造船から進化した和船が発展していくこととなると考えられる。

イカダ船

イカダ船はおそらく人類にとってもっとも初期から利用されていたに違いない形式の船であるが、その構造の単純さと、特徴的な構造を見出すのが難しいことから、その存在を考古学的に認識するのは困難である。

『万葉集』の「藤原宮の役民の作る歌」（一—五〇）に「真木のつまでを、百足《ももた》らず、筏に作り」とあり、田上山《たなかみやま》から切り出した材木をイカダにして運搬する様子が描写されている。また『万葉集』の元正天皇の吉野行幸の際の歌（一三—三二三二）に「斧取りて丹生《にう》の檜山《ひやま》の木折り来《こ》て筏に作り」とあり、河川交通としてイカダ船が用いられたこともうかがえる。

しかしトール・ヘイエルダールの「コン・ティキ号」による南米からポリネシアへの実験航海からもうかがえるように、イカダ船が航海に用いられた可能性も考慮せねばならない。民俗学者の宮本常一も、中国大陸南部の江南文化におけるイカダの卓越性に注目し、考古遺物には残りにくいものの、重要な役割を果たしていた時期があるという見通しを示している。民俗事例においても、イカダ船が海で用いられる事例は散見することができ、日本列島から朝鮮半島、中国大陸南部、台湾、東南アジアにいたる広範囲にみとめられる。日本列島では越前海岸や対馬においてワカメ漁に用いられるものがあるほか、台湾には帆を備えた竹筏テッパイや、近年では下水管用の塩化ビニールパイプを利用した動力付の巨大なイカダ漁船まで存在する（図32）。古代日本においてイカダ船が航海に用いられた証拠はないが、そうした可能性も考慮におく必要はあるだろう。

カゴ船

古代においては竹などの植物素材を編んで作ったザルやカゴが船に用いられた可能性もある。『日本書紀』の海幸彦・山幸彦神話において、兄の海幸彦（火照命）の釣針を無くして困っている山幸彦（火遠理命《ほおりのみこと》）の前に塩土老翁《しおつつのおじ》神が現

図32　台湾の塩化ビニールパイプ製イカダ漁船（筆者撮影）

図33　ベトナム・ハロン湾のカゴ船（筆者撮影）

れ、袋から櫛を出し地面に投げると竹林となって、その竹でカゴ船を作り、海神宮に送ったとある。この「無目堅間《まなしかたま》（無目籠）」こそカゴ船の一種と考えられ、同種の船の民俗例はベトナムなどで見ることができる。ベトナムで用いられるものは竹紐により円形ないし楕円形の船体を作り、さらにアスファルトを船底に塗って火であぶり、防水機能をもたせている（図33）。イカダ船と同様、カゴ船も考古学的に認識しにくいものではあるが、日本列島でもこうした形式の船が用いられた可能性は否定できないだろう。

草船

古代エジプトにはパピルスを編んで作った船が存在したとされ、また南米のチチカカ湖ではウルー・インディオがカヤツリグサ科のトトヤという植物を編んで作った船を使用している。こうしたヨシなどの植物を編んで作った草船は古代の日本においても存在したとの想定もあり、『古事記』のイザナギ・イザナミによる国産み神話においてヒルコ（水蛭子）を入れて流し去ったのが草船であるとする説もある。

また近年では、丸木船の原料となる木材を加工する道具を持たない旧石器時代においては、草船が用いられた可能性も指摘されている。とりわけ、旧石器時代の琉球諸島の住民は何らかの手段を用いて海を渡ってきたと考えられており、草船がその有力な候補と考えられている。その仮説を証明すべく、国立科学博物館のプロジェクト・チームが、草船を用いて台湾から与那国島《よなぐに》までの間を実験航海する計画を立てている。

その他の船

木の皮を用いて船体とする樹皮船は、民俗事例ではアイヌの人々が用いたものがみとめられる。こうした樹皮船の伝統はシベリアのアムール川流域の諸民族や北アメリカ北部の諸民族の間にも存在するが、古代の日本列島に存在した可能性を示す証拠はない。また木材や獣骨を用いた骨組の上に獣皮を張って船体とした獣皮船は、アリューシャン諸島からアラスカ西海岸にかけて居住するアレウトの人々が用いたカヤック（バイダルカ）があるものの、日本列島まで分布は及ばず、古代の日本列島に存在した可能性を示す証拠もない。これらの船は構造的にも丸木船や準構造船とは大きく異なり、おもに北方の民族の伝統により独自に発展したものと考えられる。

このように古代日本に存在した可能性のある船舶の構造を検討すると、構造船と、それ以外のものの間に大きな断絶があるといえる。その最たる違いは喫水の深さである。

喫水と港の関係

丸木船およびそこから発展した準構造船は、前後に複数の材を接ぐことで全長の長い船体を作ることはできるが、船体の幅は、船底材の素材となる丸太の太さによって制約されるので、どうしても狭くなり、そのため船体の高さも低いものとなってしまう。その結果、

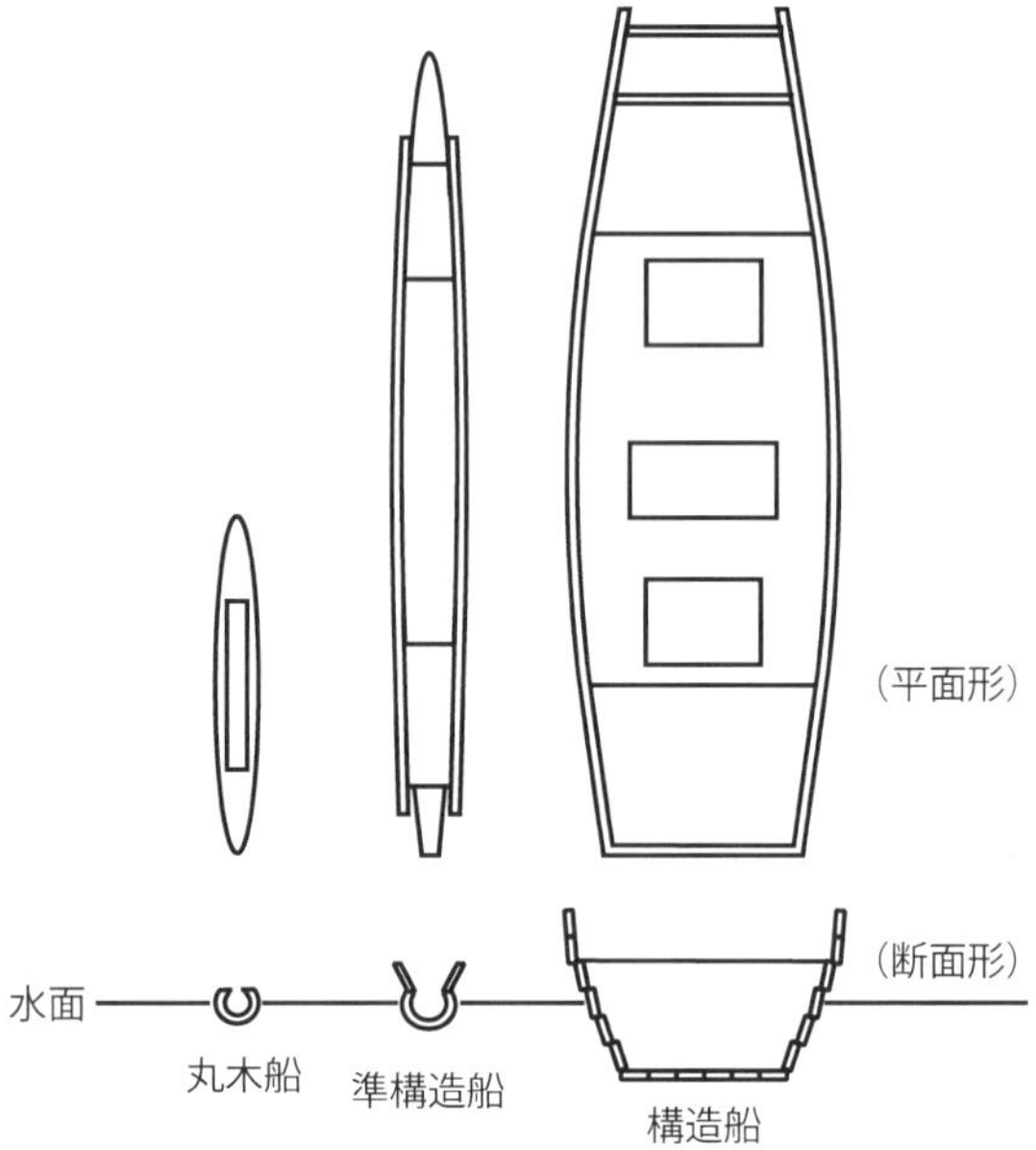

図34　船の構造（丸木船・準構造船・構造船）による喫水の違い

船体の断面積は小さくなり、喫水は浅いものとなる。いっぽうで平底の構造船は船体の幅を広くとることができ、そのため船体の高さも大きくとることができる。その結果、船体の断面積は大きくなり、喫水も深いものとなる。イカダ船・カゴ船・草船はいずれも構造上、喫水が浅い構造であることはいうまでもない（図34）。

こうした船舶の喫水が、港の立地に大きくかかわった可能性が高い。喫水が深い船が停泊するにはある程度深い水深の港が必要であるのに対し、喫水の浅い船は必ずしも深い水深を必要とせず、潟湖地形のラグーンに停泊させることも容易だからである。これが前述した「深い港」と「浅い港」に対応する。しかし日本列島においては、喫水の浅い船である丸木船や準構造船も、特に漁船などとして、比較的長期間にわたって用いられてきたため、「浅い港」から「深い港」へ完全に転換してしまうのではなく、近世にいたるまで、両者が併存することとなったと考えられる。

古代の海上ルートを探る

遣新羅使の道をたどって――瀬戸内海西部の古代海上ルートを復元する

今日でこそ瀬戸内海というと「波の穏やかな海」というイメージが強い。大阪南港から夕方発のフェリーに乗ると、翌日の早朝には九州の新門司港に着くが、ほとんど揺れを感じることなくゆっくり休みながら船旅を楽しむことができる。

世界で最も難しい海

しかし日本におけるシーカヤックの第一人者、内田正洋氏に言わせると、瀬戸内海は「世界で最も難しい海」であるという。というのも、潮流が速くかつ複雑に動くので、それを熟知していないと瀬戸内海をシーカヤックで横断するのは難しいのだという。これまで数次にわたる「瀬戸内カヤック横断隊」を率いていた彼の言葉は傾聴に値する。

今日でこそ、船が大型化し、エンジンを動力に進むため、それほど潮流の影響を受けることなく航海することが可能となったが、人力で漕ぐ、もしくは帆走する船しかなかった近世以前においては、この潮流こそが航海の行方を左右する最も大きな要因であった。そのため、瀬戸内海沿岸の各地には、潮待ち・風待ちの港が栄えたのである。

潮汐減少

ところで、海のことをあまりよく知らない一般の方のなかには、「潮流」と「海流」を混同している方もいるようであるが、両者はまったく別物である。「海流」は、いわゆる黒潮がそうであるように、地球規模で生じる海の流れのことで、それらは常に同じ方向に流れ続ける。一方、「潮流」は「潮汐」によって引き起こされる海の流れのことであり、一日のうちに四回、その流れる方向が変化する。「潮汐」とは字を見てもわかるとおり、サンズイ偏に朝・夕がついたもので、一日の中で起こる潮位の変化のことを示している。

潮汐という現象は月と太陽の引力によって地球上の海水が引っ張られ、地表上を移動することによっておこる。このうち太陽より月のほうが近くにあるため引力の影響が大きいので、潮汐に与える影響も大きい。月が真南に昇る（南中する）とき、その場所の真上に月があることになるので月の引力は最大となり、海の水が垂直方向に引っ張り上げられる力も最大になる。しかし反対に、月の南中する時刻の約一二時間後、すなわち月が地球のちょうど真裏にあるときには、逆に月の引力が最小となるため、地球の自転による遠心力によって海の水が集まり、海面が盛り上がるという現象がおこる。こうして一日のうちに二回、海面を上昇させる力が働くこととなる。もしこの力によって海の水が瞬時に反応するならば、月の南中時刻とその一二時間後に潮位が最大となるはずであるが、実際には海の水が地表上を移動するにはある程度の時間がかかるため、日本列島においてはおおよその六時間後に、その地点での潮位が最大になる。これがいわゆる満潮の状態である。反対に、この満潮と満潮の間のちょうど真ん中の時刻に、潮位は最小となり、干潮となる。例えば日本列島の場合、月の南中時刻が夜中の〇時であったときには、朝六時頃と夕方一八時頃に満潮となり、夜中〇時頃と昼の一二時頃に干潮となる。

さらに月ほどではないが太陽の引力もまた、潮汐に影響を与える。特に太陽・地球・月が一直線上に並ぶ時に、太陽と月が海面を引っ張る力が最大となり、こうした状態を大潮と呼ぶ。太陽・地球・月が一直線に並ぶのは一月のうちに二回ある。ひとつは新月の時で、このときは地球から見て太陽と月が同じ方向に位置する。もうひとつは満月の時で、このときは太陽と月が地球をはさんでちょうど反対の方向に位置する。つまり、一月のうちで、新月と満月の時期が大潮、上弦の月と下弦の月の時期が小潮となるのである。

以上がおおまかな潮汐のメカニズムであるが、瀬戸内海においてはこれがさらに複雑なことになる。瀬戸内海は陸地に囲まれた閉じた海であり、外側の外海に開いている場所は数か所しかない。すなわち、東は明石海峡と鳴門海峡、西は関門海峡と豊後水道である。そのため潮汐によって引き起こされる海の水の移動は、必ずこの狭い出入口を通ることとなる。そのためこれらの場所では、大量の水が一気に流れ込むため、非常に激しい潮流を引き起こすことになり、そのため有名な渦潮という現象が見られるのである。

さらに、こうした狭い出入口を通してしか海水は移動できないので、瀬戸内海というい わば巨大なプールの全体に水が満たされる（満潮時）、あるいはそこから水が排出される（干潮時）には、さらにタイムラグが生じることとなる。加えて、瀬戸内海に浮かぶ多数の島々に、移動してくる水が衝突することによって、さらに水の動きは複雑になり、複雑な潮流を生み出すこととなる。

前述の内田氏によると、時に自分の漕いでいるシーカヤックの真横に、自分が今まさに乗っている潮流とは逆方向の潮流が流れているのを感じることがあるという。潮流に乗っているとき、シーカヤックはまるで川を下るかのようにスピードに乗って進むことができるが、反対方向の潮流につかまると押し流されてしまうという。そしてそうした逆方向の潮流が、ほんの数メートル離れたところで対向して流れていることがあるというのが、瀬戸内海なのだという。こうしたエピソードからも、いかに瀬戸内海の潮流の動きが複雑であり、なおかつその「潮目」を読むことが、航海において重要であるかということがわかるだろう。

灘と瀬戸

瀬戸内海という名称は、実はそれほど古いものではなく、この言葉が一般的になったのは一九世紀以降のことと言われている。それ以前は、和泉灘《いずみなだ》や播磨灘、備後灘、安芸灘など、狭い海域すなわち「灘」ごとに名前が付けられ、それらを一体の海域としてとらえるという概念はなかったようである。明治時代になって欧米人がこの海域を「The Inland Sea」、文字通り訳すと「内陸海」と呼びはじめたことを受けて、日本人の地理学者たちがそれを「瀬戸内海」と訳して呼び、これが明治時代の後半に広まっていったといわれている。

このときに用いられた「瀬戸」という言葉は、もともと「灘」と「灘」をつなぐ狭い海峡のことを指す「狭門（せと）」の意味で、「瀬戸」と表記されるようになったのは近世以降のことである。この本来の意味をよく残している地名が、広島県呉市の「音戸《おんど》の瀬戸」

である。

音戸の瀬戸は、本州と倉橋島との間の狭い海峡で、その東側が斎灘《いつき》、西側が安芸灘となり、まさに灘と灘の間に位置している。伝承によると音戸の瀬戸は、日宋貿易の航路として一一六七年に平清盛が開削した人工の海峡であるといわれている。一日で工事を完了させるために、清盛は夕日を招き返したという伝説もある。しかし地質調査の結果によると、もともと本州と倉橋島が陸橋でつながれていたという証拠はないという。そうしたことから、すでに存在した海峡を、大型船の通行が可能になるように、幅を広げる工事をおこなったというのが真相なのであろう。

平清盛が音戸の瀬戸の工事をおこなった大きな理由は、安芸灘の海上ルートを整備するためと考えられる。斎灘から安芸灘を通って西に向かう海上ルートを考えた時、ひとつは倉橋島の南岸を通るルート、もうひとつは音戸の瀬戸を通って広島湾に入り、厳島《いつくしま》を経由するルートの二つが考えられる（図35）。このうち、天平八年（七三六）の遣新羅使《けんしらぎし》のルートは前者のルートを用い、倉橋島の南岸を通った後、安芸灘を西に横断して麻里布浦《まりふ》に至ったとあることから、倉橋島の南岸を通るルートのほうが一般的であったのかもしれない。しかし音戸の瀬戸を改修することで、波のおだやかな広島湾の内側を通るルートが新たに整備されたと考えられる。このルートでは、広島湾の奥にある厳島を経由することになる。その場所にある厳島神社を平清盛が整備し、平家一門の氏神としたということは、平家が瀬戸内海の海上ルートを掌握していることをモニュメントの形として示すという意味があったと考えられる。

ともあれ、古代の瀬戸内海においては、瀬戸によって区分けされた灘という狭い海域が連続する海として把握されていた。そして古代の航海は基本的には「地乗り」航法、すなわち常に陸や半島・島を見ながらその沿岸を進む航法によってなされていたので、半島や島などの地形が入り組んだ海域を通る際には、それを回り込んで進むための海上ルートが重要な意味を持っていた。そしてそれは、沖合を航海する「沖乗り」航法の時代のものとは異なっていた可能性もあるのである。

こうした瀬戸内海における古代の海上ルートを考えるうえでのひとつの事例として、以下では瀬戸内海西部の安芸灘から周防灘を通って九州に至るまでの海上ルートの復元を試みることとしたい。

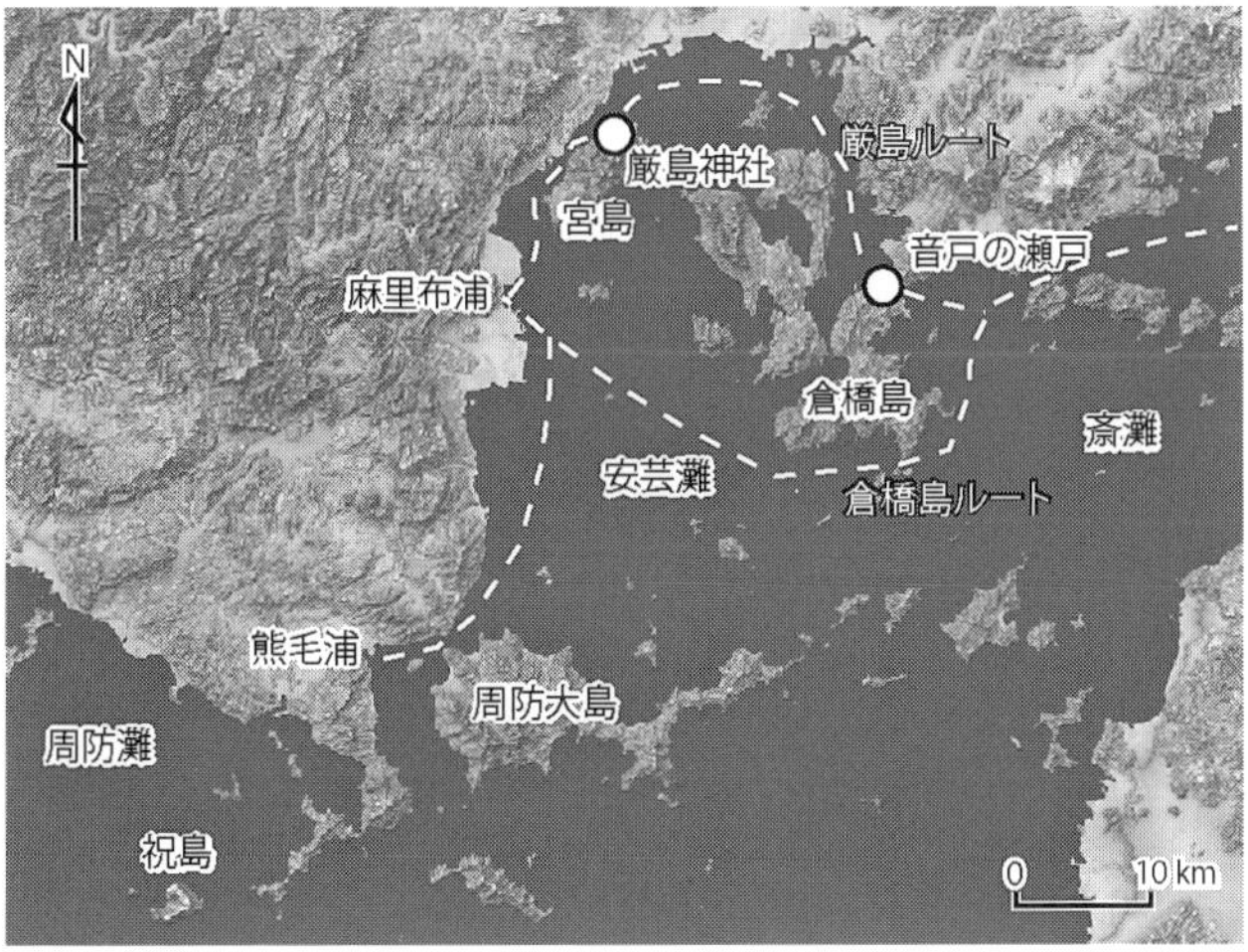

図35　安芸灘における2つの海上ルート（カシミール3D© 画像を改変）

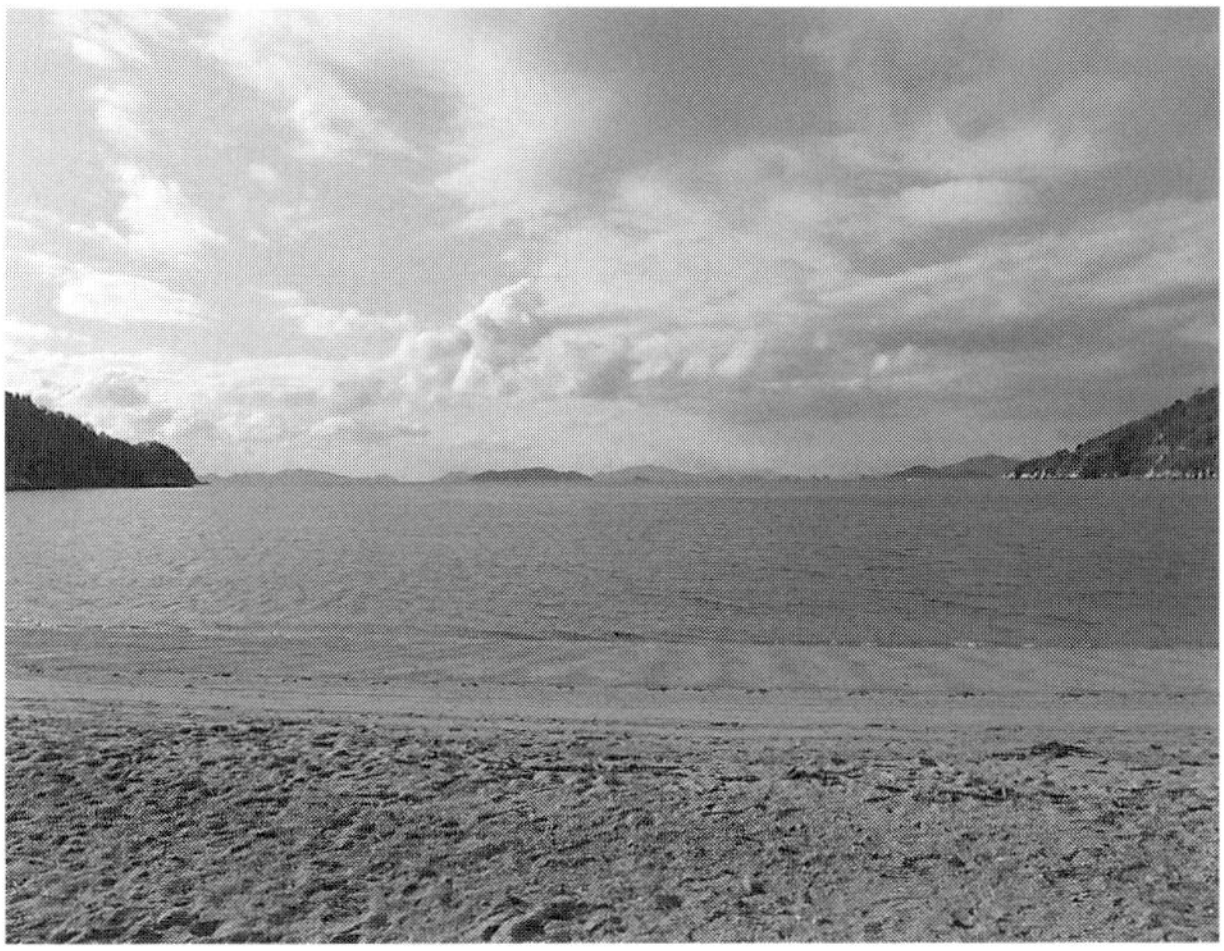

図36　倉橋島の桂が浜の様子（筆者撮影）

瀬戸内海西部の海上ルートを復元する上で参考となるのは、天平八年（七三六）の遣新羅使による瀬戸内海の航海に関する記録である。古代においては、遣唐使とともに、遣渤海使、遣新羅使も派遣され、海外交流がおこなわれていた。しかし史料による記録が豊富に残されている遣唐使に比べ、遣新羅使の実際の様子についてはあまりよく分かっていない。

遣新羅使による瀬戸内海の航海

遣新羅使は六六八年から八三六年の間に二八回ほど派遣されたと考えられているが、『日本後紀』によると、七八〇年に正規の遣新羅使は停止されたとあり、以後は遣唐使の安否を問い合わせるために送られた使節であったことから、正規の派遣回数はそれよりも少なかったようである。

遣新羅使が実際にどのような海上ルートで航海をしたかということを示す史料はほとんど残されていないが、七三六年の阿倍継麻呂が大使をつとめた遣新羅使については、旅の途中で一行が詠んだ歌が、『万葉集』巻一五の大半を占めているため、その行程がある程度分かっている。それによると、一行は難波の津を船出した後、瀬戸内海を進み、途中、風早浦（現東広島市）、倉橋島、分間浦（現中津市）などを経由し筑紫館に到った。その後、韓亭（唐泊、能許亭、現能古島）、引津亭（現糸島市）から狛嶋亭（現神集島）に渡り、壱岐島、浅茅浦、竹敷浦（ともに現対馬市）を経て新羅へと向かっている。

このうち瀬戸内海西部に注目すると、倉橋島のあたりで詠んだ歌として以下のようなものを挙げることができる。

石走《いはばし》る滝もとどろに鳴く蟬の声をし聞けば都し思ほゆ（一五―三六一七）

山川の清き川瀬に遊べども奈良の都は忘れかねつも（一五―三六一八）

磯の間ゆたぎつ山川絶えずあらばまたも相見む秋かたまけて（一五―三六一九）

恋繁み慰めかねてひぐらしの鳴く島蔭に廬《いほ》りするかも（一五―三六二〇）

我が命を長門の島の小松原幾代を経てか神さびわたる（一五―三六二一）

これらの歌は「長門の島の磯辺に船泊ててよめる歌五首」とあるが、「長門の島」というのが現在の倉橋島にあたると考えられている。そして船を停泊させたのは桂が浜と呼ばれる砂浜海岸であったと考えられている（図36）。

倉橋島は古くから造船の盛んな地として栄えていたようで、『続日本紀』にある、白雉《はくち》元年（六五〇）に安芸国に作らせた「百済船」二艘は、この地で建造されたとも推定されている。現在、倉橋島には資料館「長門の造船歴史館」があり、倉橋島の船大工により復元された遣唐使船のレプリカが展示されている。

その後の時代も倉橋島では造船が盛んにおこなわれ、特に江戸時代には数多くの千石船《せんごくぶね》がこの地で建造された。一八〇三年には桂が浜の入江を開削して、日本発の西洋式の水門式ドック（ドライドック）が建造され、現在でもその遺構を見ることができる。また、厳島神社の管弦祭で用いられる御座船は、今でも毎年この倉橋島で建造されている。

倉橋島を過ぎた遣新羅使の一行は、進路を西にとり、麻里布浦（現在の岩国市に比定）に至った。その時の歌は「周防国玖河郡麻里布の浦に行く時、よめる歌八首」として次のようなものが挙げられている。

真楫貫《まかじぬ》き船し行かずば見れど飽かぬ麻里布の浦に宿りせましを（一五―三六三〇）

いつしかも見むと思ひし粟島《あわしま》をよそにや恋ひむ行くよしを無み（一五―三六三一）

大船にかし振り立てて浜清き麻里布の浦に宿りかせまし（一五―三六三二）

粟島の逢はじと思ふ妹にあれや安眠《やすい》も寝ずて吾が恋ひ渡る（一五―三六三三）

筑紫道《つくしじ》の可太《かだ》の大島しましくも見ねば恋しき妹を置きて来ぬ（一五―三六三四）

妹が家路近くありせば見れど飽かぬ麻里布の浦を見せましものを（一五―三六三五）

家人《いえびと》は帰り早来と伊波比島《いはひ》斎《いは》ひ待つらむ旅ゆく我を（一五―三六三六）

草枕旅ゆく人を伊波比島幾代経《ふ》るまで斎ひ来にけむ（一五―三六三七）

このうち、四番目に登場する「粟島」は、その後の「逢はじ」にかかる枕詞であり、いずれも「淡路島」のことを指していると考えられる。地理的にはつじつまが合わないが、これまでの航海の中で通過した場所であり、おそらく回想の中から出てきた地名であろう。それに対し五番目の歌に登場する「可太の大島」は、この先にある周防大島のことを指すと考えられ、最後の二首に登場する「伊波比島（いわひしま）」は、周防灘に浮かぶ祝島のことを指すと考えられる。これらは反対に、一行がこれから向かう航路の先にある島々のことを詠んでいるものと考えられる。

また興味深いのは、「可太の大島」が「筑紫道」にあると表現されていることである。「筑紫道」とはすなわち、「筑紫」すなわち九州に至る「道」という意味であり、それが瀬戸内海の海上ルートであったことが示されているのである。

その後、一行は進路を南にとり、本州と周防大島との間の「大畠瀬戸」を通過して周防灘に入った。『万葉集』では「大島の鳴門を過ぎて再宿《ふたよ》経て後に、追ひて作る歌二首」として次の歌を挙げている。

これやこの名に負ふ鳴門の渦潮に玉藻刈るとふ海人娘子《あまおとめ》ども（一五―三六三八）

波の上に浮き寝せし宵あど思へか心悲しく夢に見えつる（一五―三六三九）

ここで「大島」と言っているのが周防大島のことであり、「鳴門」と言っているのが大畠瀬戸に相当すると考えられる。「鳴門（なると）」というと現在では淡路島と四国の間の鳴門海峡のことを思い浮かべるが、もともとは渦潮の現象が見られる海峡のことを指す語であったようである。「鳴門」の「門（と）」は「瀬戸」の「戸（と）」と同様、海峡のことを指し、「鳴（なる）」は渦潮が轟音を立てる様子を描写した語ではないかと考えられる。実際、この大畠瀬戸は狭い海峡であり、渦潮をともなう速い潮流が流れる場所でもある。

熊毛浦はどこにあったのか

周防大島との海峡を抜けて周防灘に入った一行はその後、熊毛浦にて船を停泊させ、その時に次の歌を詠んでいる。

都辺に行かむ船もが刈薦《かりこも》の乱れて思ふこと告げやらむ（一五―三六四〇）

暁の家恋しきに浦廻より楫の音するは海人娘子《あまおとめ》かも（一五―三六四一）

沖辺より潮満ち来らし韓の浦にあさりする鶴鳴きて騒きぬ（一五―三六四二）

沖辺より船人のぼる呼び寄せていざ告げやらむ旅の宿りを（一五―三六四三）

熊毛浦は、周防国熊毛郡にあった港と考えられるが、熊毛郡は現在の柳井市・上関《かみのせき》町・田布施町・平生町の範囲を含み、熊毛半島とその隣接した範囲を含んでいたと考えられている（図37）。しかしその正確な位置については諸説ある。以下では熊毛浦の位置に

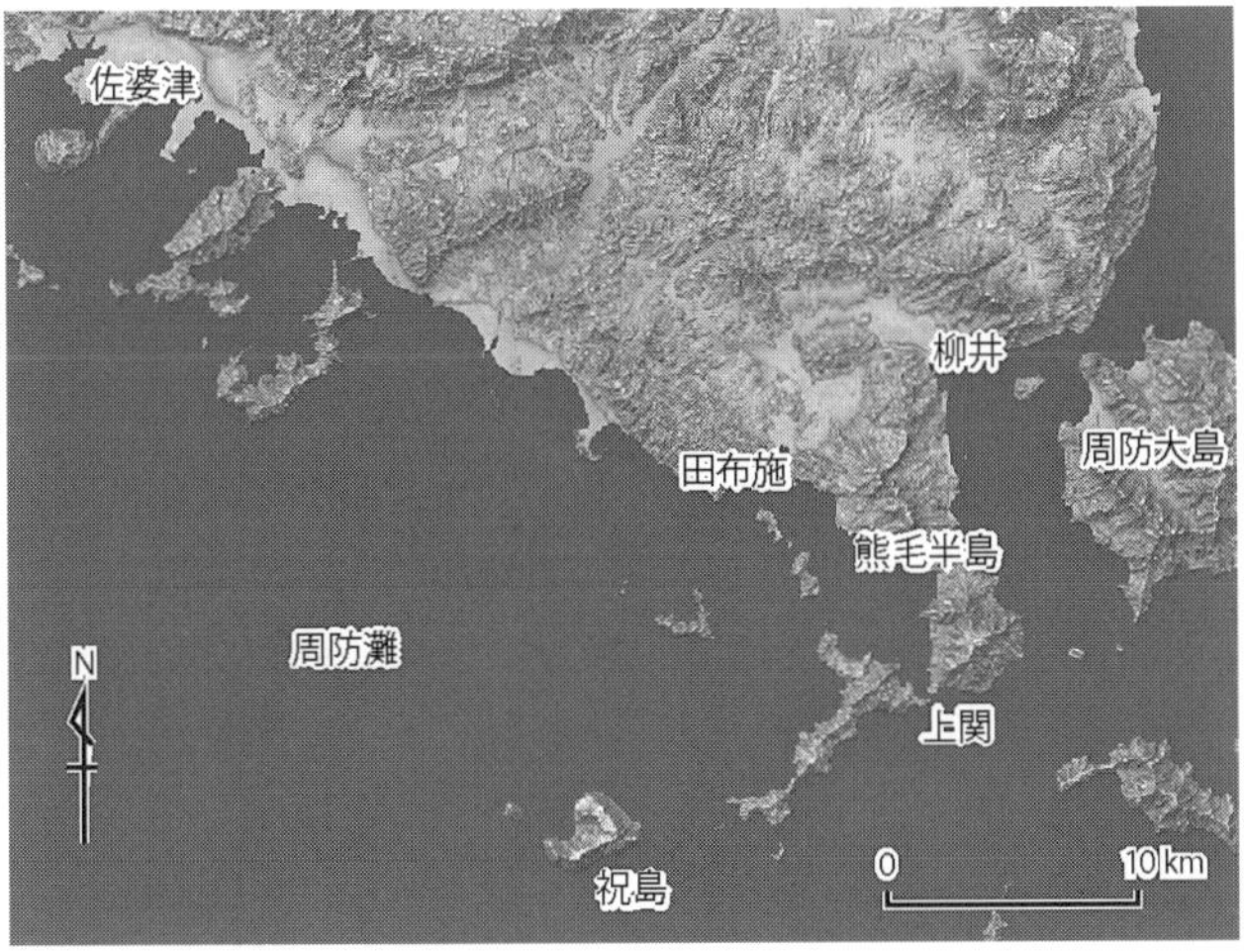

図37　周防灘と熊毛半島周辺の港と地形（カシミール3D© 画像を改変）

図38　柳井茶臼山古墳から見た柳井の港（筆者撮影）

ついて考察してみよう。

候補として挙げられるのは、熊毛半島の東の付け根にあたる柳井、西の付け根にあたる田布施、そして熊毛半島と長島の海峡に位置する上関である。

このうち柳井には、古墳時代前期後半に建造された全長八〇メートルの前方後円墳、柳井茶臼山古墳があることから、古代の港として有力な候補地である（図38）。柳井茶臼山古墳からは五面の銅鏡をはじめとする豊富な副葬品が見つかっており、この地域の有力な首長の墓と考えられているが、このうち銅鏡のひとつは鼉龍鏡と呼ばれるもので、直径が四四・八センチメートルもあり、日本列島でも最大級の銅鏡である。

次に田布施であるが、こちらは湾の入口にあたる位置に古墳時代中期の前方後円墳である神花山古墳が所在するが、こちらは全長三〇メートルと小型のものである。しかしやや湾口からは離れるが、熊毛半島西岸の小丘陵の先端部には古墳時代中期に建造された全長一二〇メートルの前方後円墳である白鳥古墳が所在している。これは周防国で最大の規模を誇り、周防国造の一族の墓と目されるものである。

さて柳井と田布施を含むこの地域の古代の地形を復元的に考察してみると、柳井から田布施にかけての内陸部には標高の低い平野が広がっているが、ここにはかつては海が入り込み、熊毛半島は本州とは分離された島であったと想定することができる（図39）。つまり柳井から田布施までの地形は細い海峡となっており、これは「古柳井水道」と呼ばれている。この海峡は、かつては船の通行が可能であったと想定されるが、平安時代の終わりから中世の初頭にかけての時期には陸化してしまったと想定されている。

こうした古代の地形を想定すると、この「古柳井水道」をとりまく地域一帯が、古代の港の適地であった可能性が高いと考えられる。つまり熊毛浦とはこの地域一帯を指していたと考えられるのである。そのように考えると、前述の柳井茶臼山古墳・神花山古墳・白鳥古墳はいずれも、「古柳井水道」を通過する船を見下ろすモニュメントとして建造されたと想定することができる（図40）。

しかしながら、遣新羅使らが乗った船は遣唐使船と同様の大型の構造船であった可能性が高い。そうしたとき、水深が浅く幅も狭かったと想定される「古柳井水道」を通過することが出来たのかという問題が生じる。そこでもうひとつの候補地である上関についても検討してみよう。

上関は、中関（現在の三田尻中関）、下関とともに、周防灘の「海の関所」としての役割を与えられた港である。上関という呼び方は中世以降のもので、古代にはもっぱら「竈戸

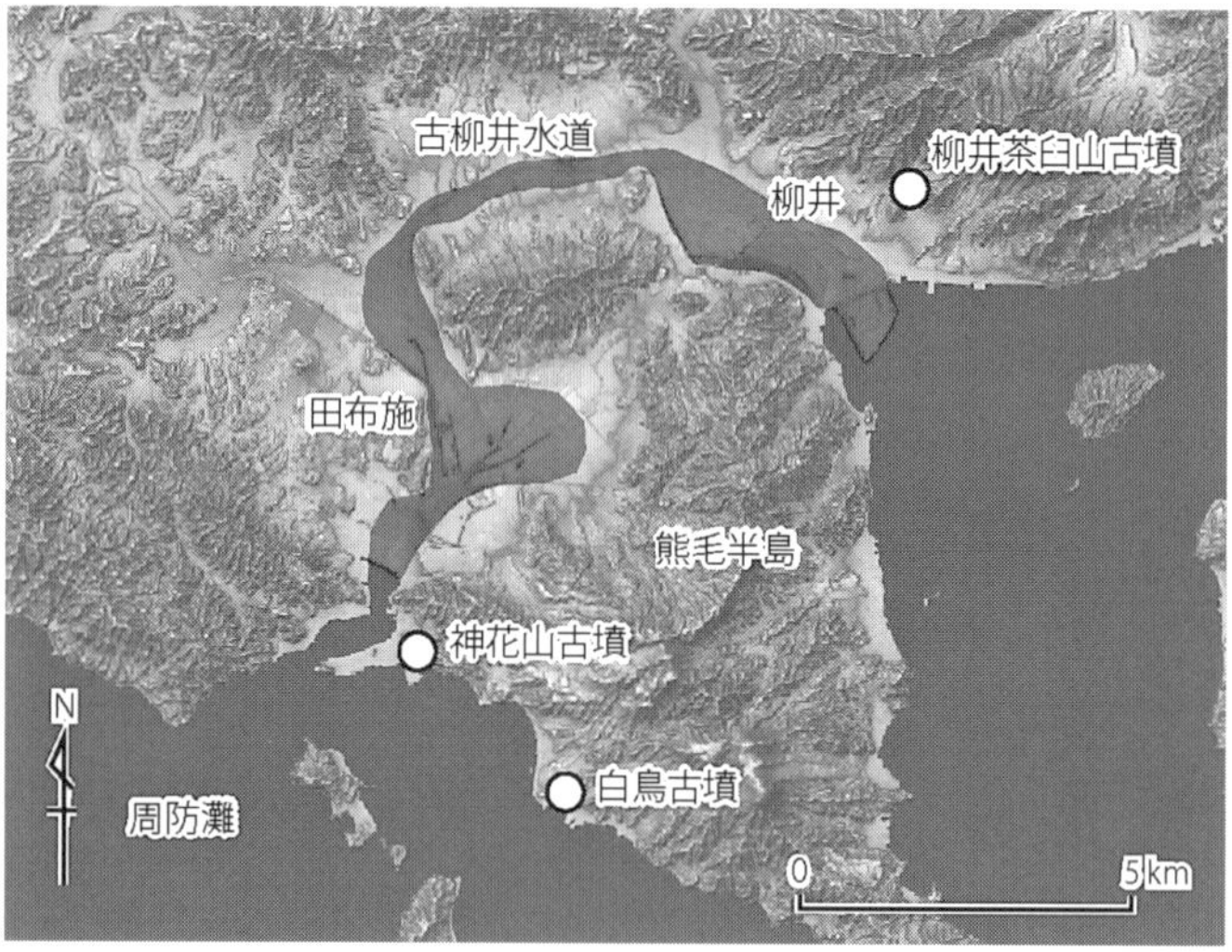

図39　熊毛半島周辺の遺跡分布と古地形復元案（カシミール3D© 画像を改変）

図40　海から柳井方面を望んだ際の視認範囲（カシミール3D© 画像を改変）

（かまど）」と呼ばれていた。ここでも「戸（と）」という呼び方が出てくるが、これも海峡のことを示す語と想定される。なお上関は、熊毛半島と長島による海峡の両岸のうち長島側の港を指し、半島側の港は「室津」と呼んだ。上関には鎌倉時代に地頭が設置されて「海の関所」としての役割が与えられ、室町時代および戦国時代には村上水軍を率いた村上家のひとつ、能島村上家が城を築いて支配し、上関海峡を通行する船から税金を徴収していた。

上関の海峡を越えると、そのまま陸伝いに西に進むなら「古柳井水道」の出口である田布施周辺を通って、中関方面に向かうことになる。しかしここで思い起こしていただきたいのは、遣新羅使が麻里布浦に停泊した時に詠まれた歌に祝島のことが歌われていたことである。

　家人《いえびと》は帰り早来と伊波比《いはひ》島斎《いは》ひ待つらむ旅ゆく我を（一五―三六三六）

　草枕旅ゆく人を伊波比島幾代経《ふ》るまで斎ひ来にけむ（一五―三六三七）

もし上関を越えてそのまま中関に向かったなら、祝島はそのルート上にはなく、わざわざ名前を挙げられるのは不可解である。祝島が目指すルート上にあったからこそ、その前の寄港地の麻里布浦でその名前の言及があったのだと考える方が自然である。そうならば、遣新羅使のルートは上関の海峡を通過するのではなく、そのまま長島の海岸線を右手に見ながら南西方向に針路をとり、祝島の側を航行したと推測されるのである。

つまり遣新羅使のルートは、熊毛半島を迂回し、祝島の近海を通るのが当初のルートであったと考えられる。次に問題となるのは、祝島を通過した後、彼らはどちらに針路をとったかということである。

遣新羅使の「漂流」の謎

熊毛浦を出立した遣新羅使一行は、その後「佐婆（さば）の海」にて逆風に遭い、一晩にわたって漂流するが、その後順風を得ることが出来たので、豊前国の下毛郡にある分間浦に到着することができた。分間浦は現在の大分県中津市にあったと推定されており、周防灘の対岸にあたる九州側に至ったことがわかる（図41）。

さてここで問題となるのが、この分間浦の港は本来予定していた遣新羅使のルート上にあったのか、それとも漂流の結果、やむなく立ち寄った港だったのか、ということである。つまり、一行の本来のルートは、周防灘の本州側の沿岸を航海するルートだったのか、それとも対岸の九州側に渡るルートだったのか、ということである。

ここで鍵となるのは「佐婆の海」である。周防国の港のひとつである佐婆津は現在の徳

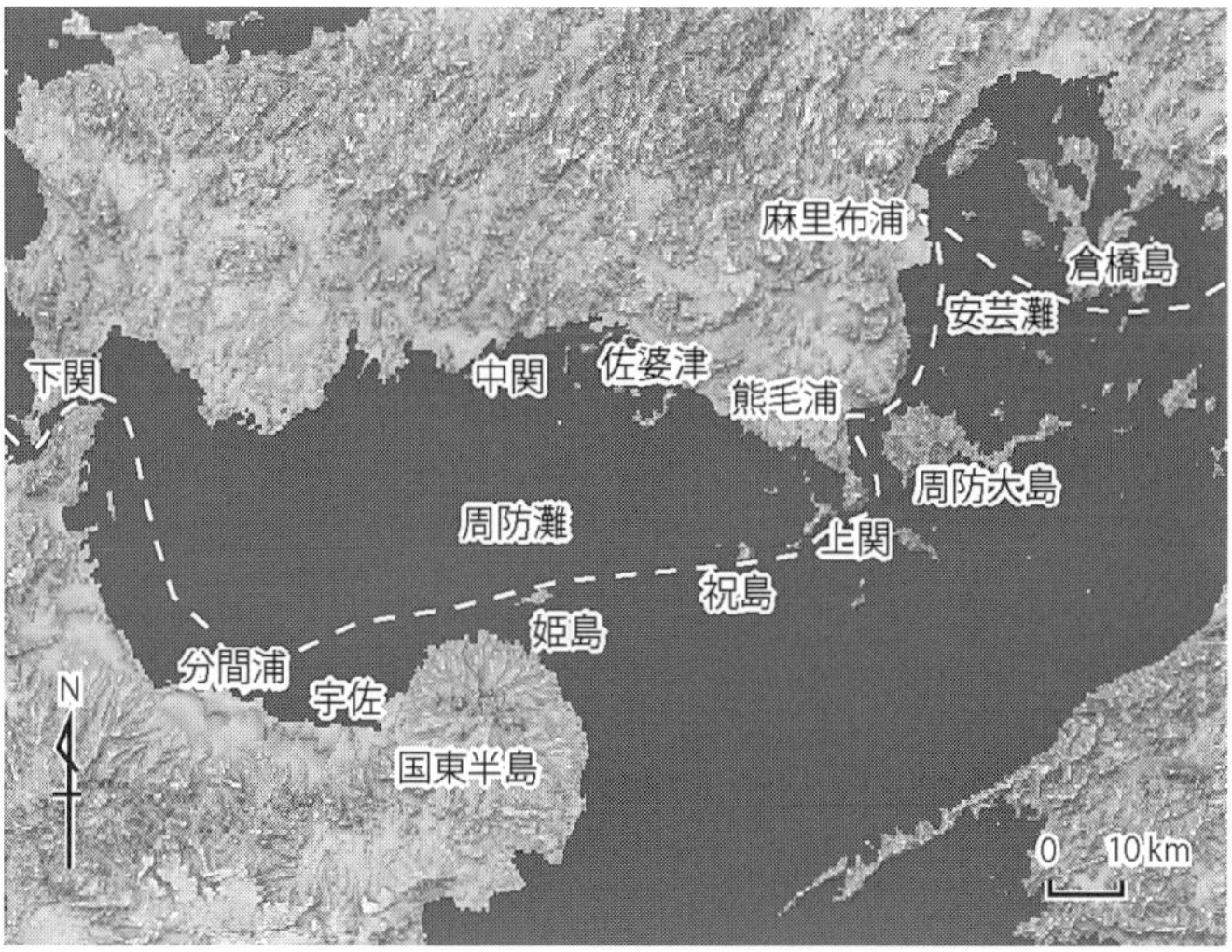

図41　736年の遣新羅使の推定航海ルート（カシミール3D© 画像を改変）

図42　祝島沿岸から国東半島方面を望んだ際の視認範囲（カシミール3D© 画像を改変）

山（周南市）あたりにあったと考えられており、そうならば、一行は本州側の沿岸を航海していたが、漂流の結果、対岸の九州沿岸まで流されてしまったと解釈するのが自然である。

「佐婆」という地名は他の史料にも見ることができる。『日本書紀』の景行天皇の熊襲《くまそ》遠征の記述の中で、治世一二年の九月五日に「周芳の娑麼（さば）」に至り、そのとき天皇は南を見て、「南の方に煙がたくさん立っている。必ず賊がいる」と言ったとされる。また『豊後国風土記』によると、このとき南に見たのは対岸の九州の国東《くにさき》半島とされており、それを見た天皇が「かの見えるところはもしや国の埼か」と尋ねたという故事から「国埼《くにさき》郡」と名付けられたともいわれている。さらに『日本書紀』によると、ここから数名の部下を派遣して敵情を探らせたとある。

実際に徳山周辺から国東半島までの距離は四〇キロメートルあまりであり、国東半島の最高峰である両子山《ふたごさん》（標高七二一メートル）を十分視認することができる。そのため瀬戸内海を縦断してここから九州側に渡るのは十分可能な距離と考えられる。

さらには、先ほどから話題にしている祝島はもっと九州に近い位置にある。祝島から国東半島の沖合に浮かぶ姫島までの距離はおよそ二五キロメートルに過ぎず、十分に目標を視認しながら航海できる範囲である（図42）。つまり祝島は本州と九州の最短ルート上に位置するのである。

そのように考えると、遣新羅使は漂流の結果、九州に至ったのではなく、最初から九州に向かうルートをたどっていたのではないかと想定することができるのである。

その傍証となるのは、可太の大島（周防大島）を九州に至る「筑紫道」に位置付けている、前に紹介した歌である。

筑紫道の可太の大島しましくも見ねば恋しき妹を置きて来ぬ（一五―三六三四）

このように古代の周防灘の海上ルートにおいては、上関―中関―下関と本州南岸を陸伝いに進むルートよりも、祝島から姫島を経由して九州に至るルートの方が主流であった可能性が高いと考えられるのである。

祝島と九州への海上ルート

本州から周防灘を横切り九州に至る海上ルートにおいて、祝島は重要な位置にある。そのため祝島は「神の島」として崇められてきた。先に挙げた『万葉集』の祝島に関する歌からも、祝島が航海の安全を祈る信仰の対象であったことをうかがうことができる。

祝島は面積わずか八平方キロメートル足らずの小さな島であるが、標高は三五〇メートル余りで、その存在は周辺の海からもよく視認することができる。全体的に平地の少ない島ではあるが、島の中央部はなだらかな丘陵上になっており、遠くから見ると饅頭《まんじゅう》か鏡餅のような形に見える。集落は海岸部にわずかに営まれているが、現在でも伝統的な石積みの集落景観がよく残されている。これは、台風による強風や、豊後水道を北上する冬の強風や荒波の直撃から住居を守るために、練塀と呼ばれる、石を積み、土や漆喰《しっくい》などで固めた塀が住居の周囲を覆うことで、独特の景観を作り出している。そして塀と塀の間には細い路地が迷路のように入り組んで、街区を形成している（図43）。

さらに祝島には、対岸の九州との関係を示唆する「神舞」と呼ばれる神事が現在まで伝えられている。神舞は、四年毎の閏年に旧暦の七月一日から五日にかけておこなわれる。三隻の御座船あるいは神様船とも呼ばれる神船が、大漁旗で飾った百余隻に及ぶ奉迎船を従え、国東半島の最北端にある伊美別宮社を出発し、姫島を通過して祝島にいたるという流れである。この神事は「祝島の神舞神事」の名称で山口県の無形民俗文化財に指定されている。この神事は仁和二年（八八六）に伊美郷の住人が遭難した際に、祝島の島民に救助されたことを記念したものとされる。こうした神事が、実際の歴史的な出来事をどの程度、反映しているかはわからないが、祝島と国東半島が遠からぬ距離にあったことを反映

図43　祝島の集落の様子（筆者撮影）

していることは間違いないだろう。

なお対岸にある姫島も、古代の海上ルートを考える上では重要な島である。史料からは姫島の役割をうかがわせる記述を見出すことは難しいが、先史時代には姫島で産出される黒曜石が、広く九州から本州の中国地方や四国、さらには大阪府や鹿児島県の種子島からも見つかっており、他地域との交流があったことを示している。古くは旧石器時代から黒曜石の利用は始まっていたようだが、その頃の海水面は現在より一〇〇メートル以上低く、瀬戸内海は陸化していたと想定されるので、黒曜石は陸路を通じて運ばれたと考えられる。しかし縄文時代早期には海水面が上昇し、姫島は離島になったと考えられるが、黒曜石の利用と流通が活発になるのはむしろそれより後の、縄文時代前期以降のことである。姫島の黒曜石の露頭は海岸部に位置しているので、波による侵食によって常に露頭が新鮮な状態で露出し、かえって黒曜石の採集が容易になったこともその要因と考えられる。ともあれ縄文時代早期以降には、海を越えて姫島産の黒曜石が運ばれたことは確実であり、この地域の海上ルートは先史時代にまでさかのぼる可能性も十分考えられるのである。

では、祝島から九州に至る海上ルートにおいて、九州側の主要な古代の港としては、どこが想定されるであろうか。

遣新羅使が寄港した分間の浦は、九州側の最初の港としてはやや距離が離れているように思われる。しかしこれは遣新羅使の船が逆風に遭い、本来予定していた寄港地ではない分間の浦に到着したということなのかもしれない。では九州側で本州に最も近い国東半島ではどうかというと、半島の海岸部は全体的に急峻な地形であり、小規模な入江は点在するものの、潟湖地形のような古代の港としての適地に乏しい。

こうしたことを考えると、九州側で最初の寄港地としてふさわしい古代の港の候補地は、やはり国東半島の西の付け根に近い宇佐の地をおいて他にないだろう。

歴史上の宇佐

大分県北部の国東半島の付け根に位置する宇佐には、全国に四万四〇〇〇社あるといわれている八幡宮の総本社である宇佐神宮が所在する。宇佐神宮は日本史上でも重要な役割を果たし、奈良時代の称徳天皇のときに起こった、いわゆる「宇佐八幡宮神託事件」の舞台ともなった。

古代において宇佐の地は、平城京や大宰府のような政治的な中心地ではなく、また伊勢のように宗教的な中心地でもなかった。教科書的な日本史をながめている限り、古代史をゆるがす大事件に唐突として宇佐神宮の名が登場するのは、やや唐突の感がぬぐえない。

しかし考古学的に見ると、宇佐の地は古くからこの地域の重要な拠点であったことをうかがうことができる。古墳時代には、現在、史跡公園「宇佐風土記の丘」として整備されている一帯に、川部・高森古墳群が営まれた。これは古墳時代前期（三世紀）から後期（六世紀）にかけて綿々と、六基の前方後円墳をはじめ大小一二〇基もの古墳が点在し、北部九州でも最大の規模を誇る古墳群を形成している（図44）。

この古墳群を築いたのはこの地の有力首長であった宇佐国造家の一族と推定される。『日本書紀』によると、その始祖は宇佐津彦と宇佐津姫の男女によるとされる。古代においてこのように男女がペアとなって国を治めた例は多く伝わっており、歴史学者の高群逸枝らはそれを「ヒメヒコ制」と名づけている。それは社会のなかで祭司的・農耕的側面を女性首長が担い、政治的・軍事的側面を男性首長が担うという二重王権のシステムである。これは琉球王国における政治システムと似ている。琉球王国では、国王である男性の御主《うしゅ》加那志《がなし》が政治を担当するのに対し、女性の聞得大君《きこえのおおきみ》が祭祀を担当するという体制がとられた。

「ヒメヒコ制」は古代日本においては、雄略天皇期（五世紀後半）から継体天皇期（六世紀前半）にかけて、家系の継承原理において父系による単系制の原理が強化されていくなかで、徐々に解体していったものと考えられているが、もともと宇佐の地が古来の継承原

図44　宇佐の川部・高森古墳群の様子（筆者撮影）

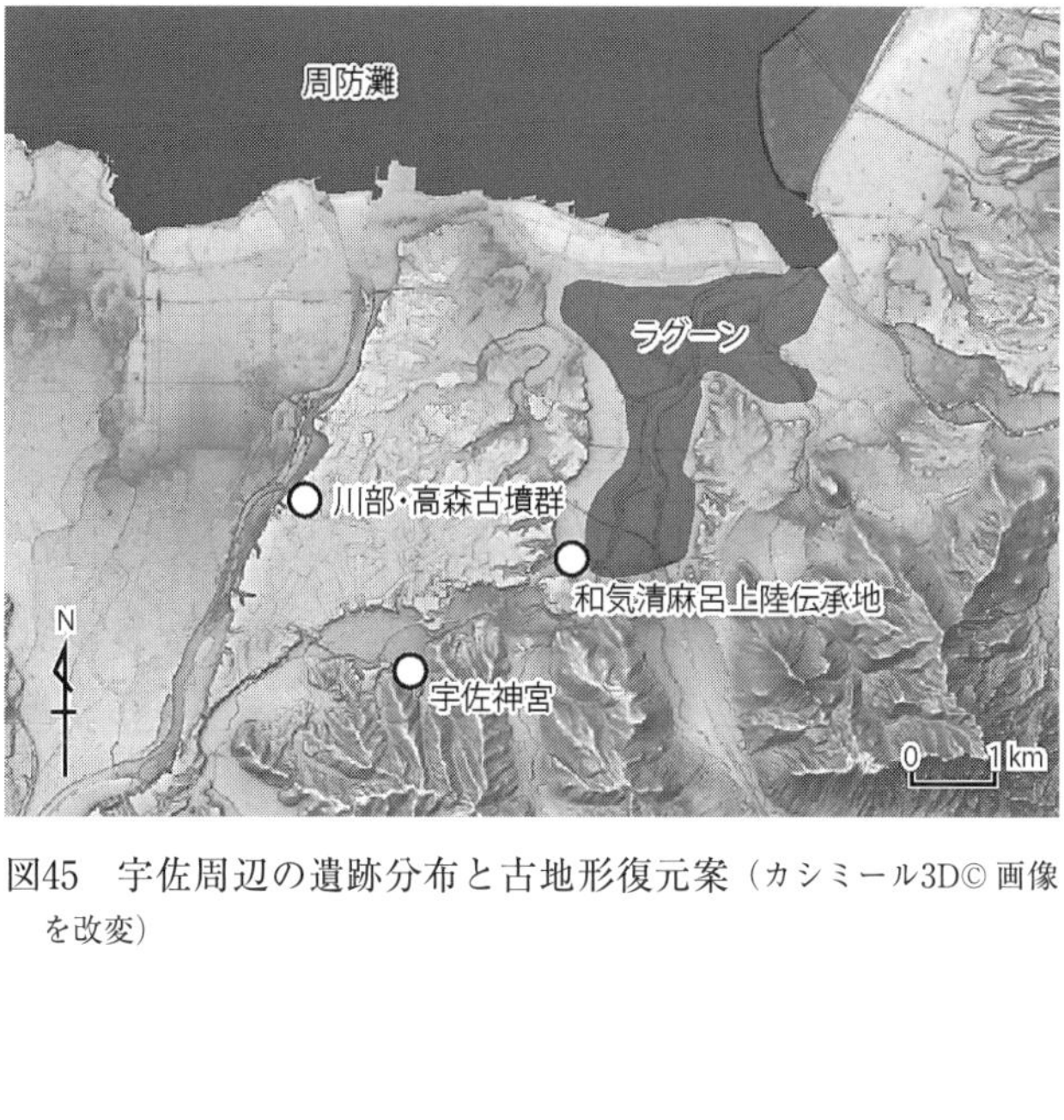

図45　宇佐周辺の遺跡分布と古地形復元案（カシミール3D© 画像を改変）

理、すなわち父系・母系の両方に出自をたどることができる出自原理（双系性）をもっていたことを示唆している。

さて宇佐の中心として君臨する宇佐神宮は、祭神を八幡大神、比売大神、神功皇后の三柱とするが、このうち八幡大神は誉田別尊《ほむだわけのみこと》（応神天皇）とされ、神功皇后による三韓征伐とその後の応神天皇の即位にいたる一連の神話と関連づけられている。神話によると、神功皇后はその腹に子供を宿したまま海を渡って三韓を征伐し、三年後に帰国して筑紫の宇美で誉田別尊（応神天皇）を出産したとされる。そしてその後畿内に帰るとき、誉田別尊の命を狙う香坂《かごさか》皇子・忍熊《おしくま》皇子の目を欺くために喪船（葬送船）に誉田別尊を乗せたが、忍熊皇子の軍勢がその船を襲って戦闘になったと伝えている。その戦闘がおこなわれた場所は明らかではないが、おそらく難波津（大阪湾）周辺とされている。この神話から推測されるとおり、神功皇后の一行は北部九州から瀬戸内海の海上ルートを用いて畿内に帰還したと考えられるのである。

またもう一柱の祭神である比売大神は、宗像三女神（多岐津姫命・市杵島姫命・多紀理姫命）のこととされ、もともと海洋神であった可能性が高い。海洋神としては宗像三女神のほかに、綿津見《わたづみ》神（底津綿津見神・中津綿津見神・上津綿津見神）や住吉三神（底筒男命・中筒男命・表筒男命）のように三神からなるものが多い。そうしたことから、もともと八幡神も三神からなる海洋神で、後に神功皇后・応神天皇の神話と関連付けられることで、現在の形になったのかもしれない。

歴史上、宇佐神宮が脚光を浴びたのはいわゆる「宇佐八幡宮神託事件」であるが、それ以前にすでに宇佐神宮は中央政権と関係を取り結んでいたようである。天平一五年（七四三）の東大寺造営の際には、宇佐神宮の宮司らが託宣を携えて上京し、造営の支援をしたとあることから、その背景には宇佐神宮には宗教的のみならず経済的な実力があったものと推察される。そして神護景雲三年（七六九）、宇佐神宮は称徳天皇に対し「道鏡が皇位に就くべし」という内容の託宣を述べ、それを受けて再調査に訪れた和気清麻呂には「天つ日嗣は必ず皇緒を立てよ。無道の人はよろしく早く掃除すべし」という託宣を与えるという、いわゆる「宇佐八幡宮神託事件」の舞台となる。

この事件にどの程度、宇佐神宮の意向が反映されていたかはわからないが、当時、皇位の継承という最もデリケートな問題に、宇佐神宮の神託がある程度、説得力をもって機能していたという事実を見逃すことはできない。

先に述べたように、宇佐神宮の祭神には神功皇后と応神天皇が含まれる。この母子は、天皇家の祖先であるのみならず、応神天皇の即位という皇位継承問題を起こした当事者でもある。すなわち、応神天皇は自分の異母兄である香坂皇子・忍熊皇子を廃して即位し、さらには政治の中心を従来の大和から河内に移し、いわゆる「河内王朝」の創始者となったと考えられる人物である。つまり当時の皇統の正統性は神功皇后・応神天皇に由来していると信じられていたことから、それから三〇〇年あまり経た奈良時代においてもその権威は有効であったのかもしれない。

この事件はこうした宇佐神宮の権威を利用した、奈良の朝廷内の勢力争いに過ぎないのかもしれない。しかし宇佐神宮の権威をより積極的に評価するなら、宇佐神宮は皇位継承という政治的にデリケートな問題に、宗教的な立場から裁定を下すという、いわばギリシアの「デルフォイ神殿」のような役割を与えられていたのかもしれない。

古代の港としての宇佐

宇佐神宮の託宣の実際的な意味はともかく、彼らが政治を左右する一定の力を有していたことは間違いない。その背景にあるのは、宇佐の地政学的な重要性であり、その理由は北部九州で瀬戸内海に開けた港であり、瀬戸内海西部の海上ルートの要地であったためと考えられる。

現在の宇佐神宮の立地を考えると、宇佐が港であったということをイメージするのは難しい。しかし古代の時期の海岸線を復元すると、現在の寄藻川《よりもがわ》下流の沖積平野はラグーンであったと想定され、宇佐神宮のすぐたもとまで海が入り込む潟湖地形であったことが想定される（図45）。そのことを示す伝承としては、宇佐神宮の近くに和気という名がつけられた地名が残されている。ここは和気清麻呂が船をつないだ場所と信じられており、そのことを示す石碑が現在も建てられている。つまりこの地点までかつては船でアクセスすることができたことを示唆している。こうした潟湖地形を復元したとき、川部・高森古墳群および宇佐神宮のある位置は、港を臨む高台に位置していたと推測することができるだろう。

こうした潟湖地形を擁していたことから、宇佐は古墳時代より古代を通じて海上交通の拠点のひとつであった可能性が高い。こうした利点があったため、宇佐は政治的にも経済的にも優位な立場を築き、奈良時代においても中央の政権に対し一定の影響力まで行使することができたのだと考えられる。すなわち宇佐神宮の宗教的な権威は、こうした政治的・経済的な力を背景としていたと考えられるのである。

宗像と沖ノ島――海のシルクロードと海人集団

海の正倉院・沖ノ島

玄界灘に浮かぶ沖ノ島は「海の正倉院」の異名でも知られている。それは、島にある沖ノ島祭祀遺跡から、三角縁神獣鏡や唐三彩、金製指輪、ペルシャのカットグラス碗など、ユーラシア大陸および朝鮮半島からもたらされたと考えられる様々な古代の宝物が、ほぼ手つかずの状態で発見されたからであり、これらはいずれも国宝に指定されている。また沖ノ島は島全体が「神の島」すなわちご神体であるとされ、今でも女人禁制の伝統を守っており、また男性でも一般人の上陸は、毎年五月二七日におこなわれる神事の時以外は基本的に認められていない。このように歴史的にも文化的にも重要な島であるため、沖ノ島は「『神宿る島』宗像・沖ノ島と関連遺産群」

として、二〇一七年にユネスコ世界文化遺産の一覧表に記載された。

沖ノ島には宗像大社の沖津宮が置かれ、いわば島全体が宗像大社の境内地となっている。宗像大社は、宗像三女神（田心姫神・湍津姫神・市杵島姫神）と呼ばれる海の女神を、それぞれ沖津宮・中津宮・辺津《へつ》宮に祀る。このうち辺津宮は九州本島に置かれ、中津宮は大島に置かれ、沖津宮が沖ノ島に置かれている。これらの宮が置かれた場所は、九州から朝鮮半島に至る海の道「海北道中」の軸線上にあたり、古代において宗像の地が交通の要所であったことを示している（図47）。とりわけ沖ノ島では、古墳時代にさかのぼる四世紀から、平安時代の九世紀末にかけて、対外交渉の成就や航海の安全を願っての国家的祭祀が執り行われたと考えられており、貴重な宝物が神に捧げられたと考えられている。そしてそこには、古代の海人集団としての宗像氏が大きく関与したと考えられる。

海人集団としての宗像氏

宗像大社および宗像三女神は、本来、海人集団である宗像氏が祀るものであった。宗像氏は、古代より存在したさまざまな海人集団のひとつと考えられ、神話においては出雲神話に登場する大国主命《おおくにぬしのみこと》の神裔と伝えられている。宗像氏は古代以来、宗像大社の大宮司家を務め、中世以降、武士化し、戦国大名としても活躍するが、もともとは潜水漁を得意とする海人集団であったといわれてい

図47　宗像の海岸から見た沖ノ島（筆者撮影）

図48　宗像の新原・奴山古墳群の様子（筆者撮影）

る。また九州から朝鮮半島に至る海北道中を勢力下にもっていたことから、朝鮮半島との交易や対外交渉に携わっていた可能性も高い。なお、九州から朝鮮半島に至る主要なルートは他にも、博多湾から志賀島、壱岐、対馬を経由するルートがあり、こちらは同じく古代海人集団であり、志賀島を根拠地としていた安曇《あずみ》氏が掌握していたものと考えられる。

しかし沖ノ島から出土する宝物は、三角縁神獣鏡や金銅製馬具、唐三彩や奈良三彩といった古代における最高級の文物が多い。そのため、こうした宝物の供献は宗像氏が独自におこなったものではなく、畿内の中央政権が直接関与した国家的な祭祀であったとするのが一般的な理解である。

しかし沖ノ島祭祀において、中央政権による国家的な関与を強調するあまり、在地の宗像氏の存在を過小評価するのは妥当ではないだろう。なぜなら畿内の中央政権は本来、大和盆地を本拠地とする、いわば内陸の集団であり、船やそれをあやつる航海技術を有した集団の関与無しには、海を越えて朝鮮半島や中国大陸と接触することは不可能だからである。

しかし古墳時代における宗像地域の様相を見ると、やや不可思議な状況が見えてくる。沖ノ島と合わせて世界遺産「宗像・沖ノ島と関連遺産群」の構成要素でもあり、宗像氏の墓所と想定される新原《しんばら》・奴山《ぬやま》古墳群（図48）は、古墳時代中期から後期（五世紀～七世紀初頭）の時期に属するものが中心で、横穴式石室をいち早く導入するなど先進的な様相を示すのに対し、古墳時代前期に属する確実な古墳は存在しない。例外として、宗像平野よりやや離れた釣川上流域に前期古墳の東郷高塚古墳が所在するのみである。一方、沖ノ島の祭祀遺跡からは、古墳時代前期の有力古墳に埋葬される傾向にある三角縁神獣鏡をはじめとする銅鏡が二一面も供献されており、その年代は四世紀にまでさかのぼる。つまり宗像地域の古墳群の成立よりも古い段階である古墳時代前期から、沖ノ島祭祀が開始されていたことになる。

しかしだからといって、古墳時代前期（四世紀）に宗像氏が存在しなかったと結論付けるのは早急である。なぜなら、「古墳がない」イコール「在地勢力がいない」とはならないからである。

たとえば宗像氏同様、海人集団として勢力を誇った安曇氏は、もともと本拠地を志賀島にもち、畿内周辺の拠点を淡路島としていたと考えられているが、いずれの地域にも古墳時代を通じて有力な前方後円墳は築かれていない。こうしたことから、陸に依らず、海を活動域とする海人集団にとって、必ずしも古墳を築くことに執着しなかったのではないかと考えられる。

ここで宗像地域のかつての地形を復元してみると、宗像大社の横を流れる釣川の河口部には小規模なラグーンが発達する潟湖地形が想定される（図49）。また新原・奴山古墳群のたもとにもラグーンが形成され、古代の港としての適地であったことが想定される。またこうしたラグーンの痕跡として、牟田池などいくつかの池沼が現在なお残されている。

また宗像大社の辺津宮の境内の中には上高宮古墳と呼ばれる古墳が存在する。この古墳は現在でも辺津宮の「露天祭祀」がおこなわれる神域の中に存在するため、その詳細については不明であるが、江戸時代に銅鏡一二面が出土したと伝えられている。また辺津宮には神宝として「八咫鏡《やたのかがみ》」が納められたと伝えられていることから、これらの銅鏡が古墳時代前期にまでさかのぼり、そのころからすでに宗像氏はこの地に勢力を有していた可能性も示唆される。

さらには、沖ノ島祭祀自体がもともと宗像氏によって古墳時代前期より執り行われていた祭祀であり、畿内の中央政権すなわちヤマト政権が海北道中の海上ルートを利用する際に宗像氏の協力を求め、その代償としてこれらの文物を宗像氏に与えることで、代わりに祭祀を執り行ってもらった、とする解釈もあり得るだろう。つまり古代において、必ずし

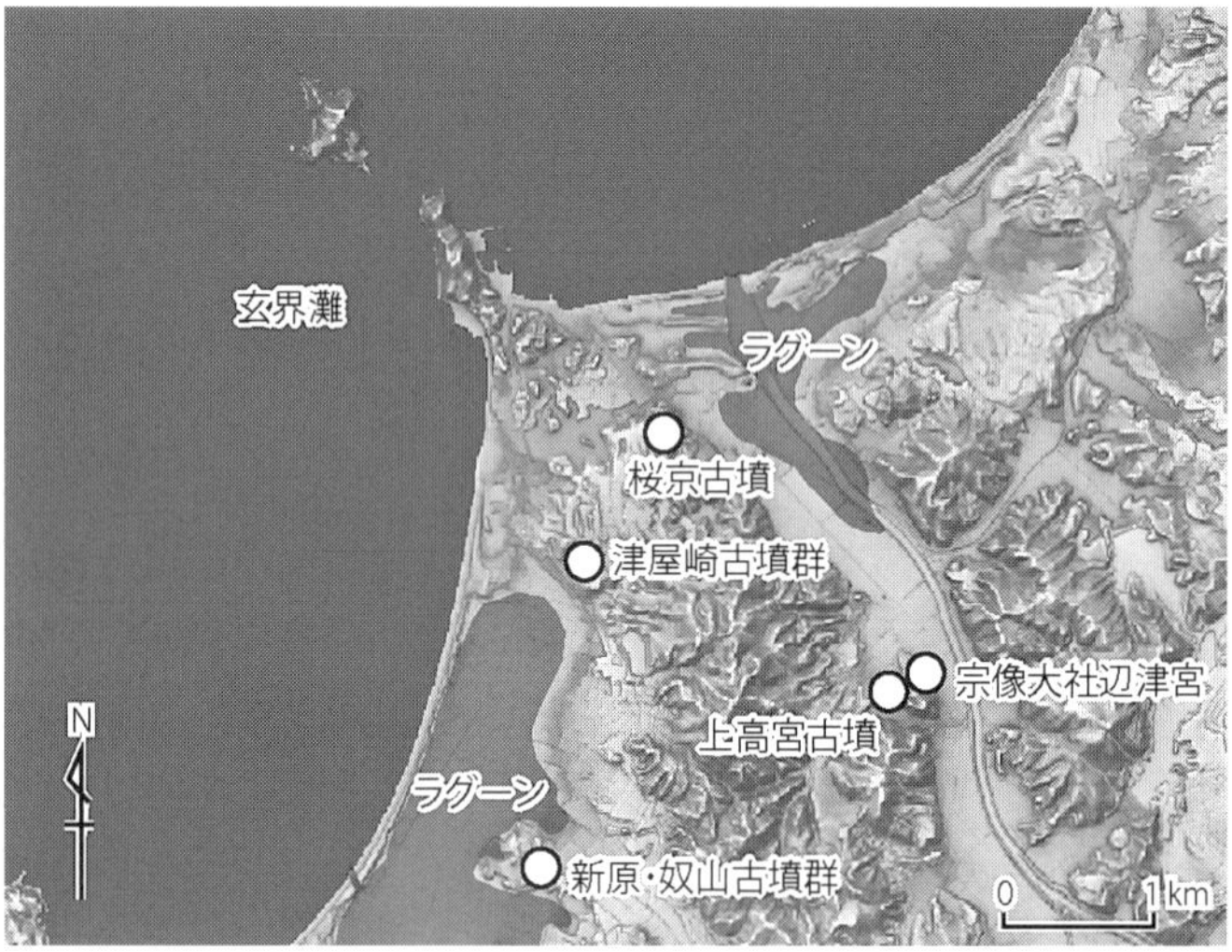

図49　宗像周辺の遺跡分布と古地形復元案（カシミール3D© 画像を改変）

も宗像氏をはじめとする海人集団は畿内の中央政権に支配されていたわけでも隷属していたわけでもなく、むしろ中央政権に対してもある程度の影響力を行使していた可能性すら想定される。

神功皇后による「三韓征伐」の神話によると、皇后はこの地で航海の安全を祈り霊験があったとされ、そのため宗像の神は国家的な崇敬を受けるようになったとされる。また『日本書紀』によると、五世紀頃にあたると考えられる雄略天皇九年の二月に、凡河内《おおしこうちの》直《あたい》香賜《かたぶ》と采女《うねめ》が遣わされて胸方神（宗像神）が祭られ、続いて「三月に、天皇、親《みづか》ら新羅を伐たんと欲す。神、天皇に戒めて曰く、『な往しそ』とのたまふ。天皇、是に由りて、果たして行せたまはず」とある。天皇が自ら新羅へ遠征しようとしたところ、宗像の神がこれに反対し、天皇の遠征が中止されたことを伝えている。

これがどの程度、歴史的事実を反映しているかはわからないが、少なくとも『日本書紀』の論理では、宗像神は天皇の軍事・外交活動にすら意見する立場にあったことを示している。これはとりもなおさず、少なくとも中央政権による対外的な軍事・外交活動は、海人集団である宗像氏の協力無しには進められなかったことを示唆している。

宗像氏はその後も畿内の中央政権との関係を持ち続けていたようで、天武天皇の息子である高市《たけち》皇子の母は、胸形君徳善《とくぜん》（宗像徳善）の娘であったと伝える。高市皇子は壬申の乱で軍事の全権を委ねられて父を補佐して活躍し、父の死後は持統天皇のもと太政大臣を務めた。なお奈良時代になって藤原氏との政争に敗れ、非業の死を遂げた長屋王は高市皇子の長男であった。

古代における海人集団の活躍

古代における海上交通を理解する上でも、それを実際に担ったであろう海人集団の存在を無視することはできない。古代日本において海人集団もしくは海人系氏族と呼ばれる集団は多数、存在したと想定されるが、そのうちでも代表的なのは安曇氏である。

安曇氏は志賀島を本拠地とし、綿津見神を祀る海人集団であるが、綿津見神は『古事記』『日本書紀』の国産み神話に登場する神であるものの、もともとは安曇氏が祀る阿曇磯良《いそら》神に由来すると考えられる。また志賀島は良く知られるように「漢委奴国王」の金印の出土地でもあることから、弥生時代に漢帝国に朝貢した奴国と何らかの関わりを持つ可能性がある。奴国は博多湾沿岸域に所在したと推定されており、古代の博多の名称「那の津（なのつ）」は「奴国（なのくに）」に由来するのかもしれない。安曇氏は博多湾から志賀島、壱岐、対馬を経由して朝鮮半島にいたる海上ルートを掌握していたのみならず、畿内近辺では淡路島に拠点を置き、瀬戸内海の海上ルートにも影響力をもっていたと考えられる。六六一年には、安曇氏の出身である安曇比羅夫《ひらふ》が、唐・新羅の連合軍に攻められた百済を救援するための派遣軍の将軍となり、六六三年に白村江《はくそんこう》で唐・新羅の連合軍と交戦しあえなく戦死している。さらに時代が下った奈良時代には、安曇氏は宮内省の内膳司《ないぜんし》の長官をつとめ、天皇の食事の調理をつかさどった。このことは、安曇氏の根拠地のひとつが、「御食国《みけつくに》」として指定された淡路国であったことと関係するのだろう。

安曇氏とともに奈良時代に宮内省の内膳司の長官をつとめた膳《かしわで》氏こと高橋氏も有力な海人集団である。奈良時代には安曇氏と内膳司の支配権を争い、最終的には安曇氏を失脚に追いやっている。第二章でも触れたとおり、彼らはもともとの本拠地を若狭一帯にもち、日本海の海上ルートおよび日本海側から朝鮮半島に至るルートを掌握していたと考えられ、彼らの墓所と想定される若狭の上中古墳群（古墳時代後期）からは、朝鮮半島由来の文物が多数出土している。また高橋氏の由緒を記した史料『高橋氏文《うじぶみ》』によると、景行天皇が東国（上総国安房の浮島宮）に行幸したとき、高橋氏（膳氏）の祖である磐鹿六獦命《いわかむつかりのみこと》が堅魚（カツオ）を天皇に捧げたとあることから、東国にも勢力を有していたことが想定される。

また尾張と熱田神宮を根拠地とした尾張氏も、もともと海人集団に由来するといわれている。熱田神宮はいうまでもなく皇室の三種の神器のひとつである草薙剣《くさなぎのつるぎ》（天叢雲剣《あめのむらくものつるぎ》）を神宝として保持しており、伊勢神宮に次ぐ重要な地位を与えられている。尾張氏は神話では天火明命《あめのほあかりのみこと》の曾孫、天忍人命《あめのおしひとのみこと》を祖とすると伝えられ、同じく天忍人命から別れたものとして津守《つもり》氏があるが、こちらはやはり海洋神である住吉神を奉斎する氏族である。また第二章で触れた丹波国造家である海部氏は尾張氏から出た大倉岐命を祖とし、海部氏は現在でも丹後一宮の籠神社の社家をつとめている。なお籠神社は元伊勢と呼ばれ、やはり皇室にとっても重要な地とされている。

これ以外にも、久米《くめ》氏・息長《おきなが》氏・大倭《おおやまと》氏・吉備氏・日下部氏・和迩《わに》氏・紀氏・藤原氏などが海人系の氏族と考えられ、それぞれ多様なネットワークを有し、大なり小なりさまざまな形で中央政権および歴史の流れに関与してきたと考えられる。

そして日本列島の海上交通を見たとき、そのルートは決して単一の勢力により支配されていたのではなく、さまざまな海人集団の勢力の連鎖により成り立っていたことがわかる。例えば畿内から九州を経て朝鮮半島・中国大陸に至るルートを見ても、瀬戸内海ルートを経由するなら安曇氏および津守氏の関与があり、日本海ルートを経由するなら高橋氏

（膳氏）の関与がある。また九州からのルートにおいても宗像氏もしくは安曇氏の関与がある。これらの氏族は、時には競合関係に、時には協力関係にあったと考えられる。

日本列島における海洋神の系譜が多様なのも、こうしたさまざまな海人集団の系譜が背景にあると考えられる。代表的な海洋神としては、すでにこれまで名を挙げた宗像三女神（宗像氏）、綿津見神（安曇氏）、住吉三神（尾張氏・津守氏）以外にも、兵庫県の西宮神社および島根県の美保神社などが祀るエビス神を挙げることができる。このうち西宮神社のエビス神は、イザナギ・イザナミ神話に登場する蛭子（ヒルコ）神に由来するとされるのに対し、美保神社のエビス神は、出雲神話の大国主命の息子である事代主命《ことしろぬしのみこと》に由来するとされており、そうしたことも海人集団の系譜が複雑かつ多様であったことを反映しているのかもしれない。

海の三女神

もうひとつ興味深いのは、宗像三女神の存在である。もちろん神話の話であり、歴史的事実をどこまで反映しているかはわからない。しかし神話を「歴史的事実」として扱うのではなく、民族・民俗の世界観を表現した「フォークロア」として見ることで、古代の人々の世界の見方にアプローチすることは可能であろう。

宗像の神は三女神であるが、海の神が三柱である例は非常に多い。安曇氏が祀る綿津見神も底津綿津見神（ソコツワタツミ）、中津綿津見神（ナカツワタツミ）、上津綿津見神（ウワツワタツミ）の三神からなる神格である。また尾張氏・津守氏が祀る住吉神も底筒男命（ソコツツノオノミコト）、中筒男命（ナカツツノオノミコト）、表筒男命（ウワツツノオノミコト）の三神からなる。

さらに前に指摘したように、宇佐神宮が祀る八幡神の三神（応神天皇・神功皇后・比売大神）のうち、比売大神は宗像三女神のことである。こうしたことから、八幡神ももともとは三神からなる海の神であり、その後、神功皇后の「三韓征伐」の神話と結びつくようになって現在の形となったのかもしれない。

さらに後の章で触れることになる三嶋神も、大山祇命（オオヤマツミノミコト）と積羽八重事代主神（ツミハヤエコトシロヌシノカミ）の二柱によるとされるが、その名に「三」という数が入っていることも示唆的である。

こうした三柱の神の役割については、宗像三女神の田心姫神・湍津姫神・市杵島姫神については、それぞれ沖津宮・中津宮・辺津宮に祀られていることから、陸地からの距離、すなわち「沖合」「沿岸」「海岸」を表現しているものと解釈できるだろう。一方、綿津見神と住吉神は、「底」「中」「表」とあることから、海の深さ、すなわち「海底」「海中」

「海表面」を表現しているものと解釈できるだろう。

宗像三女神が水平方向の区分を表現し、綿津見神・住吉神が垂直方向の区分を表現していることから、一見すると両者の世界観は異なるようにみえる。しかし筆者は、これは本来同じものを表現していると解釈する。つまり、海の世界では「水平」と「垂直」は同じこととして表現されると考えるからである。

具体的に考えてみよう。地球は丸いため、遠くにある島は水平線の向こう側に「落ち込んで」いる。そのため遠くにあるときは見えないが、近づくにつれ、水平線上に徐々に姿を現してくるが、そのときはまず標高の高い山のいただきから先に姿を見せてくる。その様子は、あたかも島が海の底から浮かび上がってくるようである。こうした海の世界独特の空間の把握から、遠くの島は「深い」ところにあるという感覚が生まれるのではなかろうか。すなわち、水平方向の「遠い」「近い」は、垂直方向の「深い」「浅い」と置き換えることが可能な概念なのである。

こう考えると、神話や民話における、やや不可解な表現も容易に理解することができる。いわゆる「海幸彦・山幸彦」神話に由来するとされる「浦島太郎」の民話において、浦島太郎はウミガメの背に乗り海底の竜宮城に行くとされるが、はたして人が水中で呼吸せず生き延びることができるのだろうか。おそらく実際は、水平線のかなたの、非常に遠いところに行ったということを、上述の海の世界観に基づいた表現で「深い」ところに行ったと語り継がれていたのが、いつしか陸の人々にこの物語が流布される中で、「海底に行った」という形に変化したのではないかと考えられる。

こうした海における世界観は、やはり海洋世界に暮らすポリネシア人も持っている。ポリネシアの神話に登場するマウイという神は、釣針によって島々を釣り上げたとされるが、これも水平線の彼方から姿を現す島の様子を表現したものだろう。またポリネシアのツアモツ諸島の人々は、天と地を何層にもなる垂直的な層として解釈するが、その最も下の層には、彼らの祖先の地であり、はるか彼方に存在すると信じられているハヴァイキ（ハワイ）があると信じている。

ただし、同じく海洋神であるエビス神の信仰においては、このような三柱の神格による空間区分という概念はみとめられないので、古代日本の海洋神の系譜はひとつではないことを示すのみならず、おそらく集団によっても、その世界観は多様なものであったということを反映しているのだろう。

さて話を宗像氏に戻そう。先述のとおり、宗像氏は古代から中世にかけて北部九州の一大勢力として活躍し、戦国時代には大名となって周防国の守護大名である大内氏に従い、彼らが率いた宗像水軍は諸国に知れ渡るほどの勢力を有していたといわれている。しかし宗像大社第七九代大宮司である宗像氏貞の代に、北部九州の有力な戦国大名として台頭した大友氏の家臣である立花道雪と対立関係となって勢力を削ぐこととなり、ついには宗像宗家の血筋は途絶えてしまうこととなった。

現在につながる海の文化

しかし宗像大社および沖ノ島に関連する儀礼はその後も続けられ、現在に至っている。このうち最も大規模なものは、毎年一〇月一日におこなわれる「みあれ祭」である（図50）。「みあれ祭」は宗像三女神の御輿を載せた三隻の御座船を中心に、数百隻に及ぶ漁船の船団がそれに付き従い、海上を周回するという神事である。この祭はもともと中世におこなわれていた御長手神事を一九六二年に再興したものであり、福岡県の無形民俗文化財に指定されている。歴史的には断絶していた時期があるとはいえ、海に関連した儀礼が今日なお行われていることは意義深い。

日本各地の海洋神を祀る神社では、その形態は多様だが、やはり海上を舞台とした多く

図50　宗像の「みあれ祭」(2007年) の様子 (筆者撮影)

図51　熊野二木島の「二木島祭」(2008年) の様子 (筆者撮影)

の神事がとりおこなわれている。やはり宗像三女神を祀る広島県の厳島神社では、第四章で触れた倉橋島で建造された御座船を舞台に管弦祭が催されている。同じく第四章で紹介した祝島では、国東半島から祝島までを御座船で漕ぎ渡り、それに数多くの漁船が伴走する神舞の神事がおこなわれている。また島根県の美保神社では、出雲神話における「国譲り」の故事にならった熊野諸手船神事がおこなわれ、ここでも二艘の諸手船による競漕がおこなわれる。

こうした海に関わる神事はおそらく日本各地に存在すると思われるが、なかには存続が危ぶまれているものもある。例えば三重県熊野市の二木島町でおこなわれる熊野二木島祭りは、神武天皇が東征の際、熊野灘で嵐にあい遭難しかかったとき、地元の住民が早船で救出に向かったことに由来するといわれており、二艘の関船が阿古師神社から室古神社に向けて競漕するという神事である。この祭は三重県の無形民俗文化財に指定されているが、過疎化により祭に参加する人手が不足し、そのため二〇一〇年を最後に休止している。この祭では、二艘の関船には衣笠や鉾が立てられて装飾され、あたかも古墳時代の船形埴輪を彷彿とさせるものであった（図51）。

もちろんこうした海に関する神事が、古代より連綿と続いてきたわけではなく、断絶の時期があったり、あるいは時代によって形を変えてきたりしたことは間違いない。しかし形を変えるのは、こうした「無形文化遺産」の本質である。むしろより重要なのは、こうした「遺産」を保持するコミュニティーが存在し、それが存続するということなのである。そういった意味で、今日に伝わる海の儀礼は、海に生きる人々の精神性が今なお続いているということを示すものでもあるが、二木島祭りのように、そうした海の精神が地域によっては存続が難しくなってきているということも示しているのである。

ところで東大寺の正倉院はしばしば「シルクロードの終着点」と形容されることもある。これは正倉院に、中国の唐や西域（中央アジア）、ペルシャなど様々な地域からもたらされた文物が収められているからである。もっとも、二〇一四年にユネスコ世界文化遺産に登録された「シルクロード：長安―天山回廊の交易路網」は、その東の地理的範囲は中国までであり、日本はそのなかには含まれていない。

海のシルクロードから見た日本列島

シルクロードには、おもにユーラシア大陸の内陸の草原や砂漠を通る「陸のシルクロード」と、東南アジアの海域およびインド洋を通る「海のシルクロード」に分けられる。前者はおもに絹（シルク）が運ばれたのに対し、後者はおもに香辛料が運ばれるのに用いられたといわれている。世界遺産に登録されたのは前者の「陸のシルクロード」の一部のルートに過ぎないが、日本列島をシルクロードに含めるとしたら、それはやはり「海のシルクロード」になると言うことができるだろう。

その大きな理由は、日本列島に至るルートは海のルートであるということである。遣唐使が通ったルートを例にとれば、東シナ海を横断するルートは間違いなく海の道であるし、また九州から瀬戸内海を通って難波宮に至るルートもまた、間違いなく海の道である。その意味では、瀬戸内海を「海のシルクロード」と呼んでも決して誇張ではないと思う。

その意味で、世界遺産登録を目指している沖ノ島もまた、「海のシルクロード」を構成する重要な遺産であるといえるだろう。すでに東大寺正倉院は、世界遺産「古都奈良の文化財」の構成要素となっている。そういった意味で、すでに日本には「海のシルクロード」に関連する遺産の候補が二つ存在するといえる。

さらに新しい時代においても、こうした海を通じたつながりは存続していた。広島県の厳島神社はすでに世界遺産に登録されているが、ここもまた日宋貿易を推し進めた平清盛によって現在の形が作られ、また「海のシルクロード」瀬戸内海にある遺産であることから、「海のシルクロード」の構成要素になりうる遺産といえるだろう。

さらに「絹（シルク）」を通じた日本と世界とのつながりは近世から近代初頭にまでおよぶ。近世までは、日本では絹はおもに中国大陸から貿易を通じて輸入していた。このときの対価として支払われたのが銀で、それには石見銀山で生産されたものも多く含まれていた（図52）。しかし近世も後半になると、国内での生糸の生産量が徐々に増加し、近代初頭になると、工業化に成功することで、むしろ絹は日本の主力輸出産業になるに至った。岐阜県の白川郷や富山県の五箇山にみられる合掌造《がっしょうづくり》の民家は、単なる農家ではなくむしろ生糸生産のための家内制手工業の工房であり、生糸の生産量が増大した近世末から近代初頭になって成立した景観である。また、明治時代の工業化を代表する富岡製糸場は、近代初頭において国家の主力産業として絹生産が位置づけられていたことを示すものである。

もし「シルクロード」の概念を近代初頭まで拡張することが許されるなら、ここに挙げた石見銀山（「石見銀山遺跡とその文化的景観」）、白川郷と五箇山（「白川郷・五箇山の合掌造り集落」）、富岡製糸場（「富岡製糸場と絹産業遺産群」）といったいずれも既に世界遺産となっているものもまた、関連する遺産としてみなすこともできるだろう。

また逆に過去に目を向けると、弥生時代から古墳時代にかけて日本列島に大量にもたらされたガラス製品、特にインドパシフィックビーズと呼ばれる青いガラス小玉は、まさに

図52　石見銀山からの銀の積出港であった温泉津（筆者撮影）

「海のシルクロード」からもたらされたものである。インドパシフィックビーズは、もともと紀元前二世紀頃に南インドのアリカメドゥ周辺で生産が始まったと考えられており、紀元一世紀頃になると東南アジア各地にその技術が伝播し、インド洋から東南アジア一帯にかけて広く分布するようになった。日本列島にもたらされたインドパシフィックビーズの多くは、東南アジア地域で生産されたものであることが推定されている。加えて、第二章で触れた、丹後の大風呂南1号墳出土のガラス製腕輪もまた東南アジアのいずれかの地域で生産されたと推定されることから、古代には数多くの文物が東南アジアから日本にもたらされたと考えられる。当然、これらの文物は海を通じて運ばれ、その海上ルートはまさに「海のシルクロード」の原型となるものであったと言えるだろう。

こうしてみると、日本列島は先史時代より連綿と、「海のシルクロード」というべき海の道によって、世界の各地域とつながっていたことがわかる。

海はともすれば地理的な障壁になるが、一方では世界各地につながる道にも成り得る。従来の日本の歴史像は、海を障壁ととらえ、世界から孤立した存在として記述する傾向にあったことは否めないだろう。しかしここで挙げたように、日本の様々な文化遺産はむしろ海の道を通じた世界とのつながりの歴史を証言している。日本の歴史を「海のシルクロード」という概念でとらえなおすことで、従来とは異なる「海から見た」日本の歴史像を描くことができるのではないかと考えている。

伊豆と海人集団

カノーを駆る人々

カヌー日本語起源説

カヌー（canoe）が日本語起源であるという説がある。茂在寅男が最初に唱えたと言われているが、その内容を要約すると以下の通りである。カヌーという言葉はもともとカリブ海の原住民が用いていた船の呼び名に由来している。それはいわゆる丸木船であったと考えられるが、その呼び名をヨーロッパ人が持ち帰り、ラテン語標記でカノー、すなわち英語表記でカヌーになったものとされる。いっぽう古代の日本には、「枯野」＝「軽野」と呼ばれる船が存在したことが『古事記』や『日本書紀』に記されている。「枯野」も「軽野」ももともとは「カノー」と呼ばれており、ある種の型の船、すなわち丸木船をそう呼んだのではないかという。そしてカリブ海原住民のカノーという呼び名も、遠く古代の日本の言葉に由来をたどることができるのではないか、というのがカヌー日本語起源説の概要である。

この説の当否はともかく、『古事記』や『日本書紀』などの文献からうかがえるように、古代の日本にはカノー（枯野もしくは軽野）と呼ばれる船が存在し、その船が作られたと目される地域のひとつが伊豆である。そこで本章では、このカノーに着目し、それを手がかりに伊豆における海人たちの様相について考察してみたい。

伊豆の海人集団の系譜

カノーと伊豆を結びつけるのは『日本書紀』応神天皇五年にある以下の記述である。

・五年冬十月　伊豆国に命じて船を造らせた。長さ十丈の船ができた。ためしに海に浮かべると、軽く浮かんで早く行くことは、走るようであった。その船を名づけて枯野といった。船が軽く早く走るのに、枯野と名づけるのは、道理に合わない。もしかすると軽野といったのを、後の人がなまったのでなかろうか

伊豆にはカノーに関連する地名が今なお数多く残されている。天城山をかつては狩野山《かのやま》と称し、そこから狩野川《かのうがわ》が流れ出し、その中流域の川岸には軽野《かるの》神社が鎮座する。なおこのあたり一帯は、中世に伊豆で一大勢力を誇った豪族である狩野《かのう》氏の本拠地である。

狩野氏は平安時代末、伊豆大島に流された源為朝が反乱を起こした時、その鎮圧に功があり、さらに源頼朝が伊豆に流された時には頼朝に味方して幕府創業に大きく貢献した。中世には後北条氏の台頭のため勢力を失うが、近世には芸術家集団・狩野派を輩出するに至った。

狩野川中流域は伊豆半島の中心部に位置し、海から離れた立地にあるが、天城山（狩野山）は良質の木材の産地であり、おそらく船の木材の供給地として重要だったものと考えられる。このように伊豆を本拠とする狩野氏は、造船に長けた海人集団の末裔であった可能性が推察される。

伊豆およびその周辺地域はもともと、海に慣れた海人集団の活躍の場であったと考えられる（図53）。その起源ははるか旧石器時代にまでさかのぼると考えられる。

旧石器時代から縄文時代にかけて、伊豆諸島の神津島《こうづしま》で産出される黒曜石は日本列島内で広く流通することが知られているが、伊豆半島と神津島の間には幅五〇キロメートルの海が横たわっており、そこを行き来して黒曜石を運んだ人たちがいたことを示唆している。伊豆半島から神津島は容易に目視で確認できるとはいえ、その間の海は流れが速く、そこを渡るのは決して容易ではない。とりわけ旧石器時代において人々がどのように海を渡っ

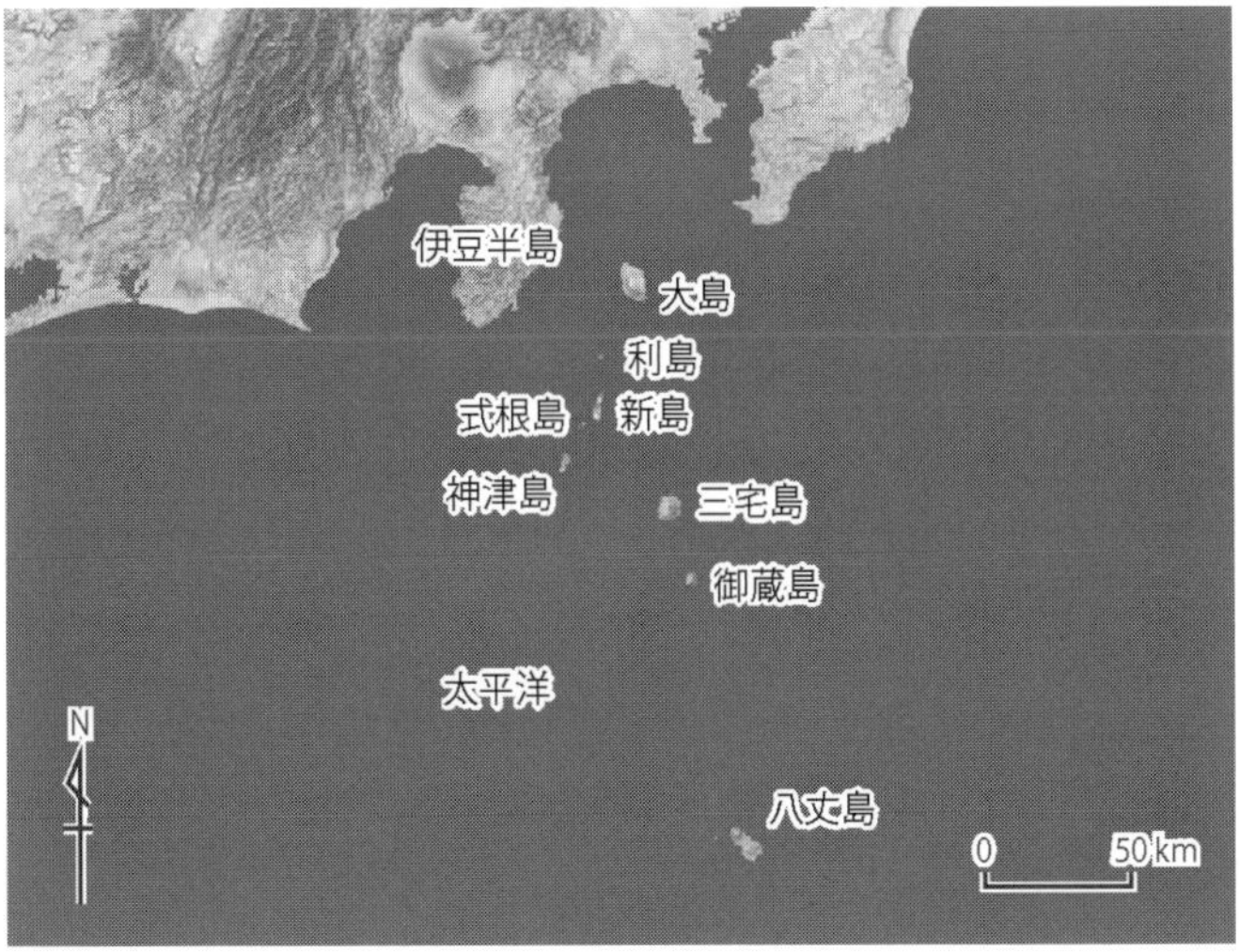

図53　伊豆半島および伊豆諸島（カシミール3D© 画像を改変）

たかという問題については未だに解明しきれていない問題である。なぜなら旧石器時代の遺跡からは、これまでのところ丸木船は見つかっておらず、また丸木船を加工するための石斧のような道具も、一部の地域の一部の時代の遺跡を除いては、まったく見つかっていないからである。縄文時代になると丸木船の使用が一般的になったため、伊豆半島と伊豆諸島の行き来もさらに活発になったと考えられる。伊豆半島東岸の見高段間《みたかだんま》遺跡からは神津島産黒曜石が大量に出土しており、黒曜石を運んだ人たちの根拠地のひとつではないかと考えられている。

伊豆諸島には旧石器時代にさかのぼる遺跡が見つかっていないため、人々は伊豆諸島の島々に居住することはなく、ただ黒曜石を採取するために本土と神津島の間を行き来していたものと考えられる。しかし縄文時代になると、伊豆諸島にも人々の生活の痕跡が見受けられるようになる。なかでも代表的なものは八丈島の倉輪遺跡である。この遺跡は縄文時代前期末から中期初頭にかけての時期に営まれたもので、数棟の竪穴式住居の遺構が見つかっている他に、イヌやイノシシの骨が見つかっていることが注目すべき事柄である。当然、離島である八丈島には元来、イヌやイノシシといった陸上動物は棲息していなかった。イヌは縄文時代には家畜化されていたので、人の手で連れてこられたと考えられるが、問題はイノシシである。イノシシも同様に人の手で連れてこられたということは、既にイノシシを家畜化していた可能性がある。言うまでもなく家畜化されたイノシシはブタのことであるが、日本列島においてブタが導入されるのは弥生時代以降のことと考えられている。近年では縄文時代にもすでにイノシシの家畜化が進められていたとする考え方が有力になってきているが、この倉輪遺跡での発見はその意味でも重要である。ともあれ、縄文時代の人々がイヌやイノシシといった動物も丸木船に積み込んで、海を渡ってきたという事実は重要である。特に八丈島は黒潮の流れよりも南に位置しており、最大流速が時速四ノット（七・四キロメートル）になる黒潮を横断するには、高度な航海術が必要であったと考えられる。

そして弥生時代になると、伊豆諸島で産出される貝類のオオツタノハが装飾品の材料として珍重されるようになり、オオツタノハを求めてこの海域を行き来する海人集団が存在したことが想定されている。オオツタノハは、大型のツタノハガイの一種で、岩場に張り付いて棲息する巻貝の一種であるが、その殻頂部を取り除くとリング状になるので、それを腕輪として用いたのである。弥生時代には実際にオオツタノハの貝殻を用いて腕輪が製作されたが、古墳時代になると碧玉や緑色凝灰岩などの石材を用い、その形を模した腕輪が製作されるようになり、これは車輪石と呼ばれている。車輪石はおもに古墳時代前期に、いわゆる威信財として畿内政権から日本列島の各地に分配されたと考えられており、古墳の副葬品として用いられた。

さらに伊豆は太平洋の東と西をつなぐ交通の要所でもある。海路で駿河湾から相模湾に渡るには、伊豆半島を大きく迂回する必要がある。そしてこの海域を掌握するのは黒曜石やオオツタノハの採取に携わった海人集団の末裔であった可能性が高いだろう。応神天皇の御代は、考古学的には古墳時代中期に相当すると考えられるが、この頃の伊豆の海人集団がカノー（枯野）を大王に献上することで、畿内政権と政治的な関係を取り結んだ可能性が考えられるのである。

カノーという名の船

ではカノーという名の船が伊豆だけに限られたものであったかというと必ずしもそうではなく、文献には他の箇所にも関連する用語がみとめられる。

『古事記』の仁徳天皇の事績を記した箇所には次のような記述がある。

・この御世に、免寸河の西に一つの高樹ありき。その樹の影、旦日に當たれば、淡道島に運び、夕日に當たれば、高安山を越えき。故《かれ》、この樹を切りて船を作りしに、甚捷《いとはや》く行く船なりき。時にその船を號《なづ》けて枯野と謂《い》ひき。故、この船をもち旦夕《あさゆふ》淡道島の

寒泉《しみず》を酌みて、大御水献りき

この「免寸」は現在の大阪府堺市高石町富木に比定されており、「枯野」は大阪平野周辺で造船されたこととなる。また『常陸国風土記』には、

・むかし軽野の東の大海の浜辺に流れ着いた大船は、長さ十五丈、幅一丈あまりで、朽ちて砂に埋まりながら、今も残っている

という記述があるが、ここで地名として現れている「軽野」は、そこに流れ着いた船に由来するものと推測される。こうした記述からは、カノーは伊豆にまつわる固有名詞ではなく、ある種の船の型を示す普通名詞であったことが示唆される。

しかし古代におけるモノの名称は、必ずしも現代的な意味での固有名詞か普通名詞かに区分することはできないように思う。その一例が、やはり古代の船の名称のひとつである「熊野船」である。「熊野船」の呼称は『万葉集』などの古代の文献に散見するが、このうち山部赤人が詠んだ歌巻が以下のものである。

島隠りわが漕ぎ来ればともしかも大和へ上るま熊野の船（六―九四四）

この歌は瀬戸内海を航行する船に乗る山部赤人が、向こうに「熊野船」を見たという様子を表している。しかし瀬戸内海は紀伊半島の熊野から離れていることから、これは熊野

で作られた船であることを意味していると解釈されるのが一般的である。

また『日本書紀』の出雲神話の中の、大国主神が国譲りを迫られた場面で、息子の事代主神に天つ神の勅を知らせるために使者を乗せて遣わせた船が「熊野諸手船」と呼ばれる。こうしたことから、「熊野船」とは地名としての熊野という固有名詞のみならず、ある種の船の型を示す普通名詞でもあったと考えられる。カノーという言葉もおそらく「熊野船」と同様、ある種の船の型を示す言葉として古代では広く用いられていたものと考えられる。

それではカノーとはどのような型の船だったのだろうか。茂在寅男や、民俗学者の谷川健一は、東南アジアやオセアニアで広く用いられているアウトリガーカヌーもしくはダブルカヌーではないかと推察している。しかし民族学的には、日本列島にこれらのカヌーが分布していることは確認されておらず、八丈島と小笠原諸島に例外的に認められるのみである。しかもそれらはずっと後の時代に、アメリカの捕鯨船によって連れてこられたハワイ人によって伝えられた文化である可能性が高いことが、人類学者の後藤明によって指摘されている。ただし、南西諸島の平安座船や、厳島神社の管弦祭で用いられる御座船のように、普通の船を横に並べて連結させた、ダブルカヌーもしくはトリプルカヌーのような船が存在することもまた事実である。こうした船を連結させるという発想は日本列島においても一般的に認められることから、古代においてアウトリガーカヌーやダブルカヌーが存在しないと断言はできないと、私は考えている。

伊豆の海人と古代の港

ここで今一度、伊豆とその海人集団の話題に戻りたいと思う。すでに述べたように伊豆は太平洋の東と西をつなぐ交通の要所であるが、同時に海の難所でもある。しかし考古学者の西川修一によると、弥生時代の相模平野には東海系の土器を出土する遺跡が数多く分布することから、東海地域からやってきた集団が海からのルートで相模平野に侵入したというシナリオが想定されるという。もしそうならば、弥生時代にはすでに伊豆半島まわりの海上ルートは存在していたと考えられる。

しかし伊豆半島は、その沿岸部の多くは険しく切り立っており、船が安全に停泊できる港の適地が少ない。すでに本書で見てきたように、古代においては潟湖地形が港の適地として選択されてきたが、現在の伊豆半島にはそのような地形に乏しい。

しかし伊豆半島の先端部にあたる南伊豆町の弓ヶ浜は、かつての潟湖地形の特徴を残しており注目すべきである（図54、55）。現在では陸地化しているが、かつては砂浜の背後はラグーンとなっていて、船を安全に停泊させる天然の良港であったと推測される。その

図54　南伊豆の弓ヶ浜の様子（筆者撮影）

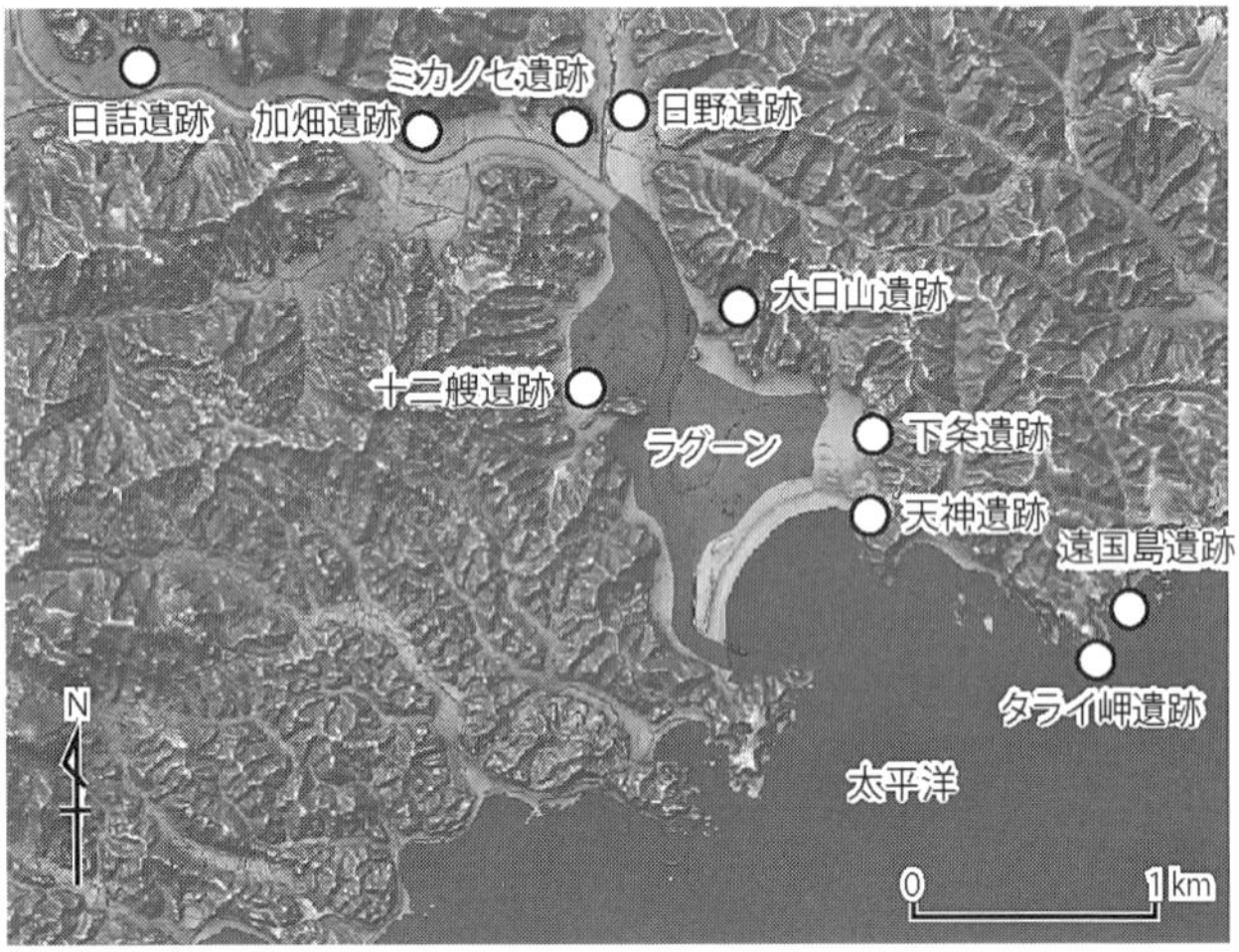

図55　弓ヶ浜周辺の遺跡分布と古地形復元案（カシミール3D© 画像を改変）

ことを示唆するのは、「十二艘」という地名がここに残されていることである。これは船に関連して名付けられた地名であることを連想させ、さらに想像をたくましくするなら、船を一二艘ほど停泊させることのできる入江地形であった、ということを意味していたのかもしれない。

また現在ではかなり内陸に位置しているが、弓ヶ浜にそそぐ青野川をもう少し内陸にさかのぼったところには、弥生時代から古代にかけての大集落遺跡である日詰遺跡が存在する。この遺跡からは、方形周溝墓や竪穴式住居、製鉄に関連した遺構、青銅鏡やガラス玉などの遺物が出土している。現在は海から離れた場所にあるが、かつてはラグーンにより近いところに立地していたと推測される。さらに伊豆半島は地質学的にも、全体的に隆起しているため、かつての標高は今より低く、ここで示した復元案よりもさらに内陸までラグーンが入り込んでいた可能性もあるだろう。

さらに示唆的なのは、弓ヶ浜を含む伊豆半島南部はかつて伊豆国の賀茂郡と呼ばれていたことである。さらに古代においては、賀茂郡は伊豆諸島も含んでおり、先に想定した伊豆の海人集団の活動領域とほぼ重なるのである。さらに賀茂という地名は、古代氏族の賀茂氏を想起させる。賀茂氏は、ひとつには八咫烏《やたがらす》に化身して神武天皇を導いたとされる賀茂建角身命《たけつぬみのみこと》を始祖とする氏族とされ、山背国を拠点とし、賀茂神社（上賀茂神社・下鴨神社）を祀ったとされる。それとは別に、大物主命の子である大田田根子の孫、大鴨積を始祖とする氏族もあるとされており、こちらは大和国葛城郡鴨を拠点とした。この他にも出自の異なるいくつかの賀茂氏が存在したようである。賀茂氏が安曇氏や海部氏のような海人系の氏族であったかどうかはわからないが、本書でもすでに触れたように瀬戸内海の室津にも賀茂神社が立地するなど、海と何らかの関わりをもつ氏族であった可能性は否定できない。

なお余談ではあるが、賀茂の地名は弥生時代の銅鐸が埋められている場所と結びついている事例が多い。最も有名なのは三九口の銅鐸を出土した島根県の賀茂岩倉遺跡であるが、この遺跡の発見以前に既に考古学者の大場磐雄がその関連について指摘をしており、それには賀茂氏が関連している可能性を指摘している。賀茂氏が弥生時代にまでさかのぼる氏族であるかどうかは議論が分かれるところではあるが、賀茂という地名が日本列島各地に分布していることを考える上で興味深い。残念ながら伊豆半島からは銅鐸は未発見であるが、日詰遺跡が弥生時代にまでさかのぼることから、こうした推定もあながち荒唐無稽とは言えないであろう。

さて弓ヶ浜に話を戻そう。弓ヶ浜の西側には小稲とよばれる地名が残る小さな入江がある。この小稲は、源平合戦の「鯉名の合戦」がおこなわれた場所に比定されている。石橋山の戦いに敗れ、安房国に逃れた頼朝は態勢を立て直し、治承四年（一一八〇）に関東の武士団を率いて、沼津黄瀬川に軍を進めた。この時、伊豆の平氏勢力の伊東祐親《いとうすけちか》が鯉名《こいな》湊《みなと》に船を集め、海上より平氏軍に合流しようとしていた。これを察知した頼朝は、天野《あまの》遠景《とおかげ》を派遣する。両軍は鯉名にて激突し、敗れた伊東祐親は生け捕りにされた。

現在の小稲の入江は非常に狭く、水軍を停泊させるにはいかにも不十分である。また一説には鯉名湊は青野川上流にあったとされるので、当時の鯉名湊は、かつての弓ヶ浜のラグーンに位置していたと考えるのが妥当であろう。こうしたことから、古代末期までは弓ヶ浜の潟湖地形は残っており、港としての機能を維持していたと考えられるのである。

現在の伊豆半島の南部において主要な港は下田である（図56）。ここは幕末にアメリカのペリーが来航したことで有名であるが、このころにはすでに港として整備されていたと考えられる。しかし下田の地形を眺めると、入江状の地形はたしかに船を停泊させるには理想的ではあるが、潟湖地形が発達しておらず、海岸平野もほとんど発達していない。周辺にも古代以前にさかのぼる遺跡がそれほど分布しないことから、古代においては港とし

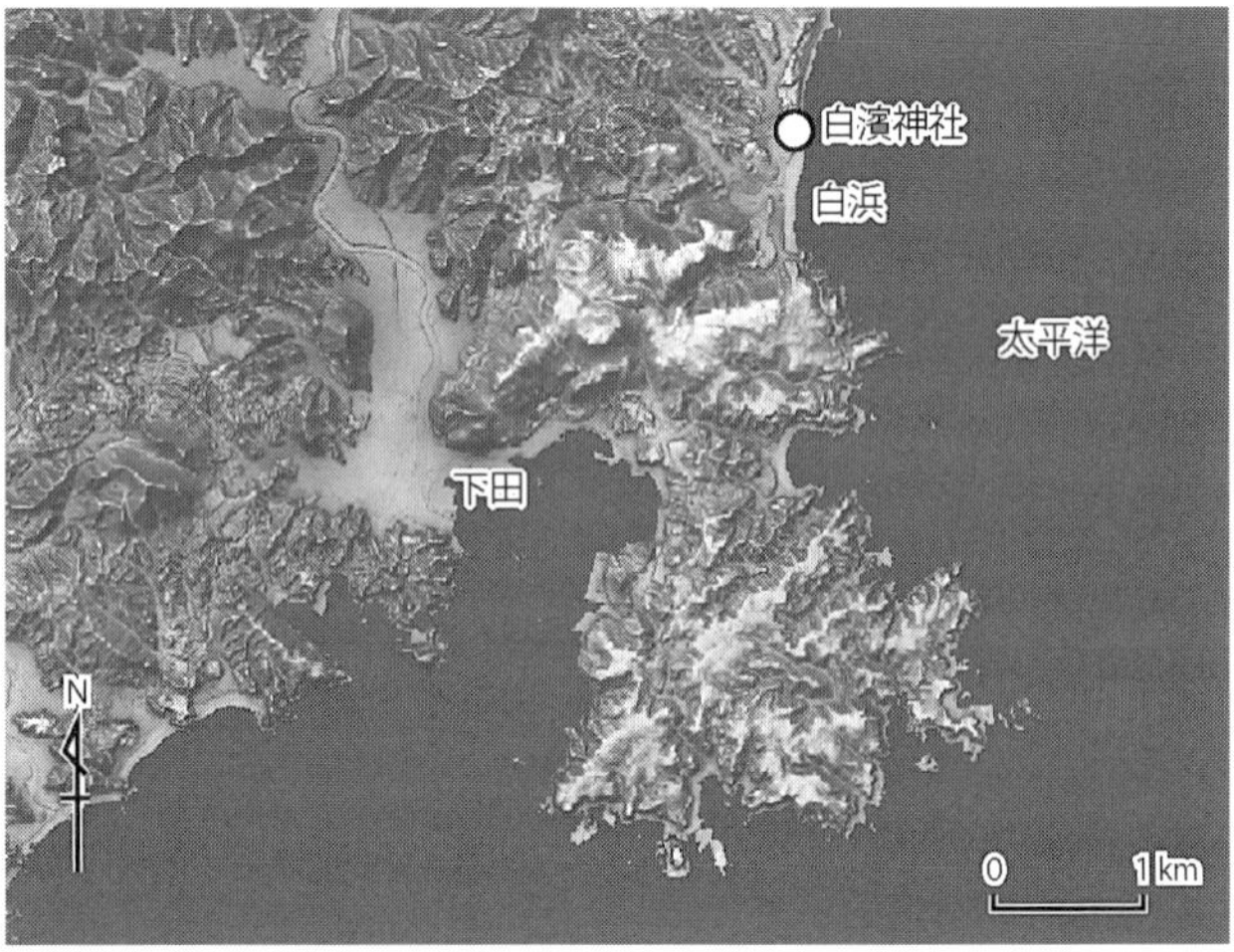

図56　下田・白浜周辺の遺跡分布と地形（カシミール3D© 画像を改変）

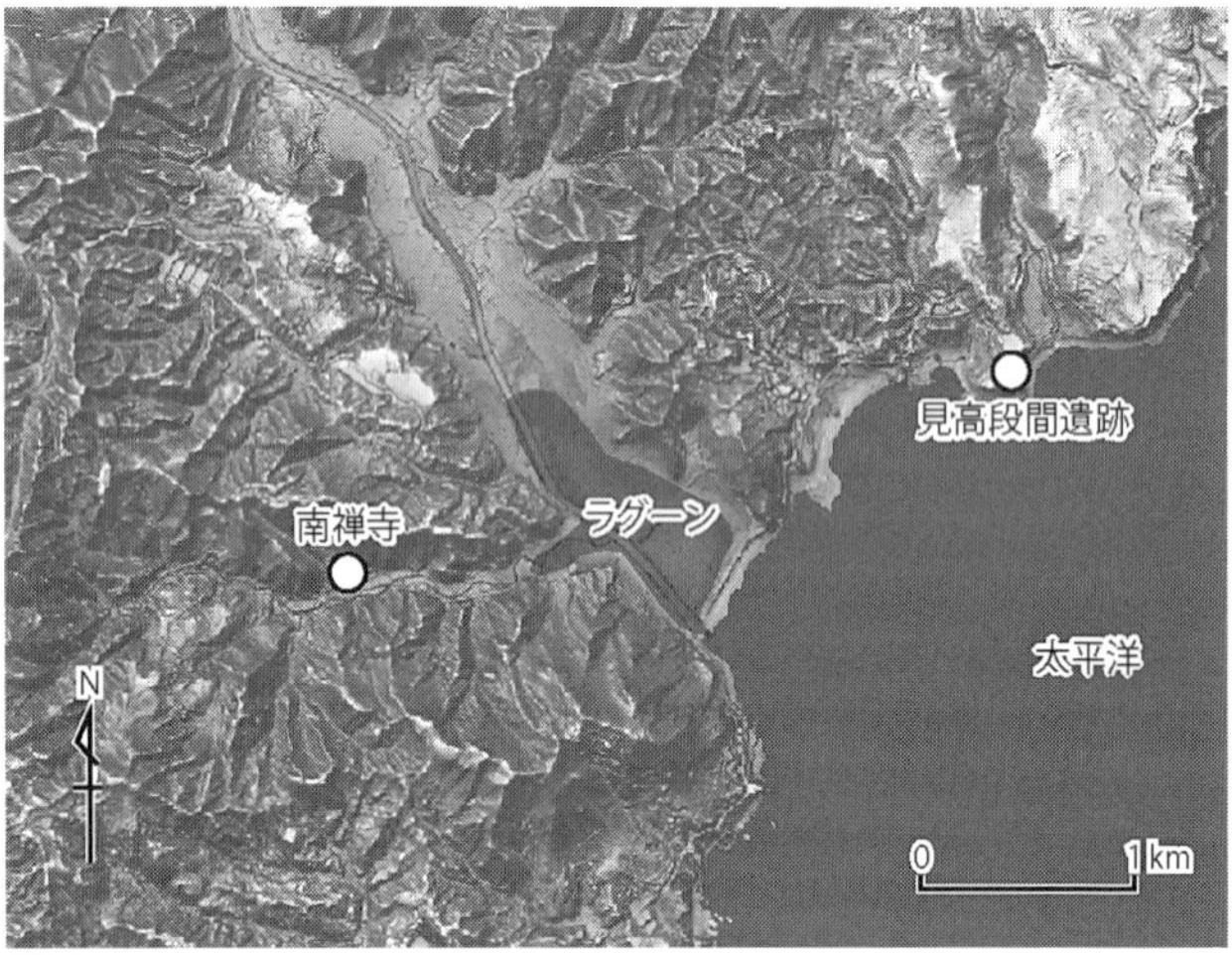

図57　河津周辺の遺跡分布と古地形復元案（カシミール3D© 画像を改変）

てはそれほど重視されていなかった可能性が高い。

伊豆半島南部における古代の港として他に想定されるものとして、下田の東に位置する白浜であろう。白浜は東側に海を臨んだ長さ五〇〇メートルほどの小規模な砂浜海岸であり、背後にはすぐ山岳地形が立ち上がっているため、潟湖地形の発達はほとんど成されなかったと考えられる。しかし重要なのは、砂浜海岸の北側の高台に建てられた白濱《しらはま》神社の存在である。白濱神社は正しくは伊古奈比咩命《いこなひめのみこと》神社と称し、主祭神である伊古奈比咩命は三嶋神の后神であるとされる。三嶋神は伊豆国の一宮である三嶋大社に祀られる神であるが、本来は伊豆大島・三宅島等から成る伊豆諸島を指していると言われており、伊豆諸島の開拓の神であるとともに火山を神格化したものでもあるとされる。さらに三嶋神自身も、元来は三宅島に鎮座していたが、その後白浜に遷座し、その後さらに現在の三島の地に移ったと言われている。その意味で、この白濱神社は「元伊勢」ならぬ「元三嶋」と言ってよい存在であり、旧鎮座地を意味する「古宮」を付した「古宮山大明神」「古宮山五社大明神」という呼称で呼ばれることもあるという。なお、白濱神社が立地する丘陵自体が火達山遺跡と呼ばれる祭祀遺跡であり、平安時代の祭祀用の土師器が見つかっている。

もうひとつ、伊豆半島南部の古代の港として想定されるのが河津《かわづ》である。河津は伊豆半島の東海岸に位置しており、先に触れた、神津島の黒曜石を大量に出土した縄文時代の遺跡である見高段間遺跡がすぐ近くに立地している。

河津は河津川がそそぐ細い谷状地形となっており、海岸部に長さ五〇〇メートルほどの砂州が形成されており、内陸側に潟湖地形が形成されていた可能性がある（図57）。しかし川の河口部をふさぐように砂州が形成されているため、大雨などで水量が増加した川が氾濫するたびに砂州が洗い流され、潟湖地形としては安定していなかったことが推察される。

しかし河津には行基が開創したと伝える南禅寺があり、二十数体にもおよぶ多数の平安時代の仏像が安置されている。こうしたことから、少なくとも平安時代には港町として栄えていて、こうした仏像は海上交通からもたらされたと考えられる。また先に触れた源平合戦の「鯉名の合戦」に登場する伊東祐親は、もともと伊東家の分家として河津姓を名乗っていたが、伊東本家の混乱に乗じて実権を強奪し、伊東の姓を名乗ったのである。こうしたことからも、河津もまた古代においては伊豆半島の重要地点であったことをうかがうことができる。

このように、伊豆半島の沿岸にはいくつかの拠点的な港が存在し、それらをつなぐ海上ルートが古代より存在していたと想定されるのである。

伊豆半島は山がちな土地であり、平地が少ないので、生産力に乏しい地域であると思われがちではあるが、古代においてはこのように海岸部にはいくつかの重要な拠点的な港が存在し、伊豆半島の東側と西側、すなわち関東と東海を結ぶ海上交通ルートの要にあり、時に歴史の流れを決める鍵を握る場所でもあったのである。そして歴史の表舞台の陰では、先史時代以来の海人集団、すなわち「カノーを駆る人々」が活躍していたことを想像することができるのである。

南からのもうひとつの流れ

最後に、伊豆に関わるもうひとつの海の人々の系譜について触れたい。

それは、南からの流れである。

伊豆諸島の八丈島、さらにそのさらに南の小笠原諸島からは、丸ノミ形の円筒石斧と呼ばれる遺物が見つかっている。これらの遺物がどの時代に属するものかははっきりとしないが、その形はミクロネシア地域の、グアムやサイパンといったマリアナ諸島地域に広がる「マリアナ先史文化後期（約二〇〇〇～八〇〇年前）」の円筒石斧に類似することが指摘されている。

マリアナ諸島における人類の居住の歴史は古く、最古の文化は、三五〇〇年前の「マリアナ赤色土器」を有する文化であるとされており、おそらくフィリピン方面からカヌーに乗って移住してきた人々に由来すると考えられている。彼らはマリアナ諸島の先住民であるチャモロの祖先と考えられており、アウトリガーカヌーを駆使する海洋民族であったと想定されている。

伊豆諸島および小笠原諸島には、ミクロネシアの人々が残したと考えられる確実な遺跡はまだ見つかっていないため、確実なことは言えないものの、ミクロネシアの人々と日本列島の人々が出会った可能性は否定できない。『古今著聞集』という鎌倉時代に編纂された説話集の中に以下のような話がある。

・承安元年（一一七一）七月八日の事である。伊豆の国の奥島の浜に、一隻の船が流れ着いた。船を沖にとめて、そこから八人の「鬼」が飛びおり、海中を泳いで岸に上がってきた。島人が粟酒を与えると、馬のようにがぶがぶ飲みつくしてしまった。鬼の身の丈は七、八尺（二メートル以上）。言葉は全く通じない。髪の毛は林のようで、身の色は赤黒く、目は丸くて猿のようであり、しかも皆裸のままで、腰のあたりに蒲を編んで巻きつけている。手には六、七尺の杖を持っているが、弓も刀も持っていない。ところが弓や矢を持っていた島人を見たら、その杖を振り上げて打ち殺してしまった。

こうして九人を殺し、四人に重傷を負わせてしまった。そこで島人どもは神の弓矢を持ち出して戦ったので、鬼どもはついに船もろとも逃げ去った。

ここで「鬼」とされる人々は、その身体的特徴や、腰巻と棍棒を身につけているという様子から、ミクロネシアやポリネシアの人々を思い起こさせるものである。

また小笠原諸島については、丸ノミ形の円筒石斧が見つかっていることから、やはりミクロネシアの人々が第一の発見者であった可能性が高い。小笠原諸島は一六世紀後半に信濃小笠原氏の一族を自称する小笠原貞頼なる人物が発見したという説があるが、伝説の域を出ない。その後、ヨーロッパの航海者らによって島の存在が確認されたが、一八三〇年にアメリカ人ナサニエル・セイヴァリーら白人五人と太平洋諸島出身者二五人がハワイ・オアフ島から父島に入植したのが本格的な居住の開始である。その後、江戸幕府や明治政府により日本人による開拓がおこなわれ日本領となった。しかしミクロネシアの人々がこの地に痕跡を残したのはそれより以前のことであると考えられる。

しかしミクロネシアの人々は結局、伊豆諸島や小笠原諸島に定着することはできずに撤退し、小笠原諸島に至っては無人島に戻ってしまったようである。その理由についてはよくわからないが、彼らにとって伊豆諸島や小笠原諸島はあまりに北にあったため「寒」すぎたのかもしれない。そのため彼らによる南からのもうひとつの流れは、伊豆の歴史にかすかな痕跡を残すにとどまったのである。

カヌーと古代の日本の船

カヌーの構造

前に「カヌー＝枯野」という説を紹介したが、船の構造という点から見ると、古代の日本の船の多くはカヌーであると言っても過言ではない。すでに前に紹介したとおりであるが、古代の日本における主な船の形式は、丸木船から発達した準構造船と、遣唐使船のような構造船である。このうち遣唐使船は朝鮮半島あるいは中国大陸からもたらされた技術であるため、日本の伝統的な船の系譜は準構造船の方であるといえる。そして中世以降に発達する和船は、古代の準構造船から発展していったと考えられている。

そしてこの準構造船は、実は構造的にはオセアニアのカヌーと大差ないのである。例えばニュージーランドの先住民マオリが用いる戦闘用カヌーは、五〇人以上の漕ぎ手を乗せる巨大なものも存在したが（図58）、これも基本的な構造は、丸木船に由来する刳り材による船底部に、舷側板を取り付けて大型化したものであり、準構造船と言ってよいものである。

多くのカヌーはその構造上、平面形が細長くなる。それは船の幅が船底部の刳り材の幅に規定されるからである。細長い船は、速度が速く、波を切って進むことができるという利点もある。しかし、多くの人や荷物を積むための積載量が少ないという弱点もある。この弱点を克服するためにオセアニアでは、アウトリガーを装着したり、二つのカヌーを合体させてダブルカヌーにしたりして、その間に板を渡してデッキにすることで積載量を増やした形式の船が発達した。

しかし日本ではアウトリガーカヌーやダブルカヌーという形式は一般的なものとして採用されなかった。そのため日本では、船底部をひとつの刳り材からではなく、複数の材を組み合わせることで大型化し、船の幅を広げる方向に発達したと考えられる。

ここで想定されるのは、丸木の船底部を半分に割り、その間にもう一枚の平板の材（かわら）を挟み込むという方法である。こうした構造を「おもき造り」といい、日本海側の

図58　ニュージーランド・マオリの戦闘用カヌー（出典：A. Haddon and J. Hornell, 1975. Canoe of Oceania. Bernice P. Bishop Museum Special Publications 27-29, Honolulu）

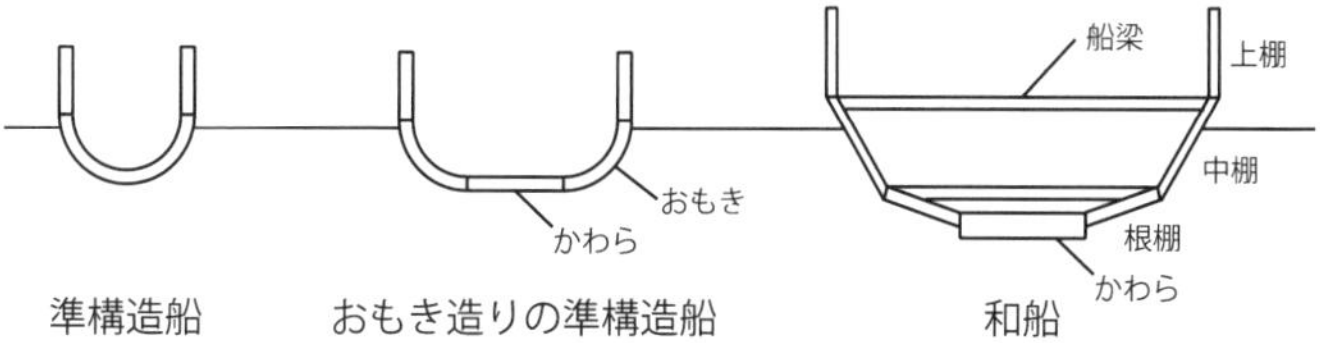

図59　準構造船から和船への変遷図

地域の木造漁船などに民俗例を見ることができる。この「おもき造り」は準構造船から和船への過渡的な様相と考えられているが（図59）、この技術がどの時代まで遡るかについてはこれまで不明であった。

おもき造りの発見

そんな中、二〇一三年に当時愛媛県埋蔵文化財センターに勤めていた柴田昌児氏から、準構造船の部材らしきものを見つけたとの連絡を受けたので、現地に赴き、資料を実見する機会を得た。

その資料は松山市平田七反地遺跡から出土した三点の木材で、井戸枠に転用された船材と考えられるものであった。資料が出土した遺構の年代は一二世紀末から一三世紀初頭、平安時代末期から鎌倉時代初頭あたりの時期と想定される。発掘された当初、これが船の転用材である可能性には気付かれず、二〇〇〇年に刊行された同遺跡の報告書でもその言及はない。しかし柴田氏が改めてこの資料を調べた結果、船の部材であった可能性が示された。

資料は、クスノキの丸木を刳り抜いた三枚の材であり、その長さは一～一・五メートルあまり、厚さは五センチメートルあまりであった（図60）。それぞれの板はノコギリで切断された跡があることから、もともとは現状よりも長い材であった可能性が高く、おそら

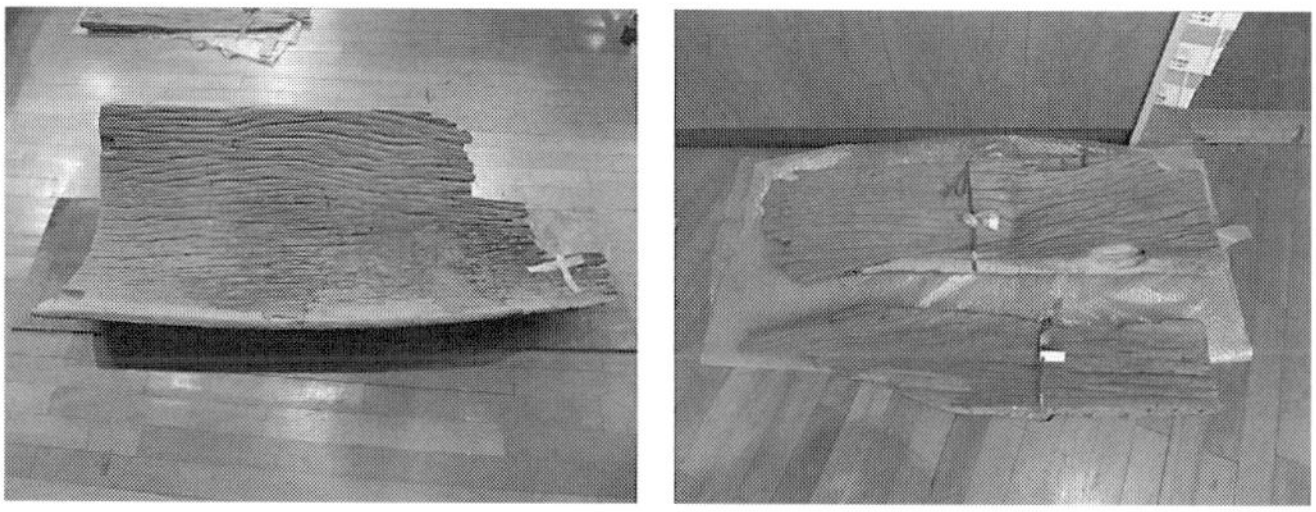

図60　平田七反地遺跡から出土した準構造船の部材の一部（愛媛県埋蔵文化財センター蔵）（筆者撮影）

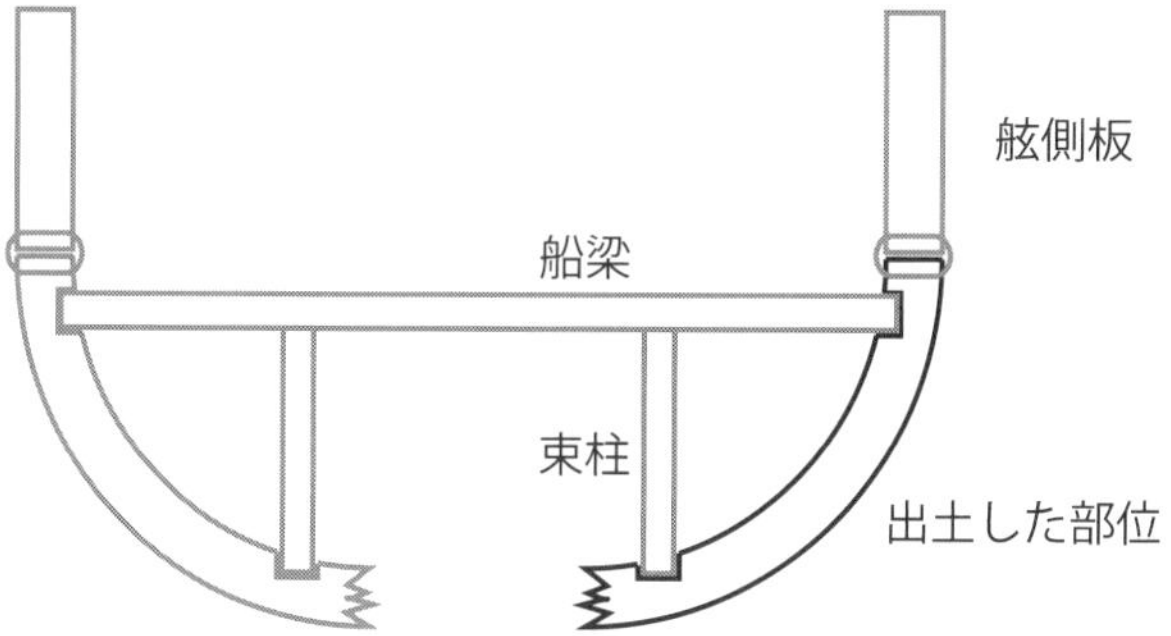

図61　平田七反地遺跡出土の準構造船部材と、想定される準構造船の構造（柴田氏作成の資料に基づく）

く井戸枠への転用時に切断されたものと推測される。また側縁には孔がうがたれており、これが舷側板を接ぎ合せるときの孔にあたると考えられた。またこのうちひとつの材には二つの方形の仕口のようなくぼみが確認された。

当初、これは準構造船の船底部の材と思われたが、柴田氏が検討を重ねたところ、これらの材は単体で船底部になるのではなく、「おもき造り」の「おもき」の部分にあたる可能性が指摘されたのである（図61）。

残念ながら資料が断片的であるため、「おもき」と「かわら」がどのように接合されていたかといった情報はわからなかったが、もしこの資料が「おもき造り」の部材であるとするなら、考古学的な資料としては初めての発見例となる。

また資料に見られた方形のくぼみについては、船梁とそれを支える束柱を受ける仕口である可能性が高い。

このようにこの資料は、古代の末期における、準構造船から和船への発展を理解するうえで重要な資料であると言える。そしてそれは、カヌーの要素を色濃く残す古代の船から発展した和船にも、カヌーの要素が引き継がれていることを示しているのである。

都城と港

平安京遷都と海上／水上ルートの変遷

水上交通からみた遷都

遷都の理由

延暦三年（七八四）、桓武天皇はこれまでの平城京から、山背国の長岡の地へ遷都するという勅命を出した。その後、紆余曲折を経て延暦一三年（七九四）に平安京へと遷都し、千年の都である京都となったことは、歴史の教科書で必ず学ぶ事項である。しかし、桓武天皇がなぜ遷都をおこなったのか、また長岡京から平安京に至る詳細な変遷については、はたしてどこまで明らかになっているのだろうか。

一般的には、遷都の理由としては、天武天皇の系統が途絶え、天智天皇の系統である桓武天皇が即位したことから、人心を一新するために遷都がおこなわれたとする説明がされることが多い。また平城京における仏教勢力が強くなりすぎ、政治に介入するようになってきたため、それを排するために新しい都が必要とされたという説明がされることも多い。しかし『続日本紀』には桓武天皇とその側近であった藤原種継《たねつぐ》のやり取りが記されており、それによると「遷都の第一条件は物資の運搬に便利な大きな川がある場所」とする桓武天皇に対し、種継は「山背国長岡」を奏上した、とされる。天皇が交通の便、特に水上交通の便を第一の条件として挙げたという事実は興味深い。

そこで本章では、水上交通および水上ルートの変遷という観点から、一連の遷都の問題について考察することにしてみたい。

難波京の廃止と長岡京の造営

長岡京の造営を考えるにあたって注目すべきは、難波京の存在である。実は長岡京への遷都と同時に、難波京の廃止も決められている。そして長岡宮を造営する資材は、難波宮を解体したものをリサイクルすることでまかなわれたこともわかっている。実際に、長岡京の一〇年という短い歴史を、考古学的な状況から前期と後期に分けたとき、前期に属するものに難波京から持ってこられたものが多いことがわかっている。例えば、建物に用いられる瓦に施された文様は、平城京のものが蓮華の文様を多用するのに対し、難波京のものは重圏文と呼ばれる、同心円状の文様のものが主体である。こうした重圏文の施された瓦が長岡京前期の遺構からは多く見つかるのである。

桓武天皇は遷都の詔を出した翌年の正月には、長岡京の新しい宮殿で新年の儀礼をおこなっている。これほど早く儀式をおこなう宮殿が用意できたのは、難波宮の建物を再利用したためであると考えられる。

歴史の教科書をひもとくと、長岡京以前の都は奈良の平城京とある。そのような先入観をもっていると、奈良時代には都は平城京しかなかったかのように思ってしまうが、実はそうではなく、平城京と並びたつ存在として難波京が存在していたのである。そして長岡京は当初は難波京を移転させるという形で造営がおこなわれた。そのため極めて短期間で造営することができたと考えられるのである。

実は、古代の日本において二つ以上の都が同時に併存するのは、ごく一般的なことだったのである。こうした様相のことを「複都制」と呼ぶ。

複都制と古代日本の都城

複都制とは、法学者であるが歴史研究においても様々な足跡を残した瀧川政次郎によって提起された用語である。すなわち「単都制」に対し「京若しくは都と称するものが二つ以上ある国家の制度」を言う。そして国王の常住する宮都を「正都」、常住しない宮都を「副都」とした。

瀧川によると複都制の起源は中国にあり、隋・唐はともに長安を「正都」に、洛陽を「副都」とした。両者は都としての機能を異にしており、相互補完的な関係にあった。すなわち、長安は黄河と秦嶺山脈に守られた要害の地であり軍事的拠点であったが、生産力に乏しかった一方で、洛陽は黄河流域の中央の平野に位置し、軍事的には無防備であったが、江南から米が運ばれてくる経済の中心地であった。そのため唐の王朝は「食料が無くなれば洛陽に往き、食料が溜ればまた長安に戻るというように、両都の間を絶えず往来して、漸く国を保ったのである」。

瀧川によれば、古代日本において複都制が最初にみとめられるのは、大化の改新の後に造営した難波宮（難波長柄豊碕宮《ながらとよさき》）の成立であるとする。このとき孝徳天皇は難波に移るが、依然飛鳥の都（飛鳥板蓋宮《いたぶき》）も温存されたので、両都が並存していたことになる。その後、天智天皇が大津宮に移ったときにも飛鳥の古京は残されていたので、この時点でも都が並立していたことになる。

しかし複都制の理念が明確に打ち出したのは次の天武天皇である。六八三年に出された天武天皇の詔は次のようなものであった。「凡《およ》そ都城宮室は一処に非ず。必ず両参造らん。故、先ず難波に都せんと欲す」。すなわち「都というのは一カ所にあるべきものではない。

必ず二つか三つは作るものである。だから、まずは難波宮を都としたい」ということである。このとき天皇は飛鳥浄御原宮《きよみはら》にいて、すでにそこを「正都」としていたので、難波宮を「副都」として位置づけるという意図であったと考えられる。

またこの詔に先立つ六七六年に、天皇は「新城」造営計画を示している。この計画は結局、実現には至らなかったが、その計画を受け継いだ次の持統天皇が、六九四年に完成させたのが「新益京」すなわち藤原京であると考えられる。さらに天武天皇は六八四年に信濃国に信濃京を造営する計画を示し、三野王などを派遣して現地調査させているが、これも結局造営には至らなかった。このように、天武天皇の構想は、「新城」（藤原京）・難波京・信濃京の三つの都からなる複都制であったと考えられるのである。

その後、七一〇年に藤原京から平城京に遷都し、奈良時代が始まるが、聖武天皇の時代になるとさらに恭仁京《くにきょう》が造営されてそこへの遷都がおこなわれる。しかしこれも複都制という観点から見ると、平城京を放棄したわけではなく、恭仁京もまた平城京と併存する陪都のひとつであるとみなすことができる。聖武天皇は、六八六年に焼失した難波宮を七三二年に再建し、七四一年に恭仁京の造営を始めたことから、これを一連の事業とみなすと、聖武天皇は平城京・難波京・恭仁京の三つの都からなる複都制を企図していたと考えることができるのである。

このように都を三つ作るという考え方は、唐が長安と洛陽に加え、北方の要所である太原を「北都」とし、三京制をとっていた影響によるのかもしれない。また唐では玄宗の代の七五七年に、鳳翔（西京）、成都（蜀郡）を加えた五京制となるが、淳仁天皇による七六一年の保良宮造営、称徳天皇による七六九年の由義宮造営は、この唐の五京制に倣ったものであるかもしれない。

私たちは、首都はひとつであるという先入見をもっているため、古代にたびたび遷都がおこなわれた理由をよく理解できないことのように思ってしまう。しかし複都制という観点から見たとき、基本的には大和盆地にある「正都」と、大阪湾に面した難波京（難波宮）という「副都」が同時併存していたという様相を見出すことができるのである。

このように複都制の観点から見ると、難波宮および難波京は「副都」と位置付けられる存在であったと考えることができる。そこで以下では、難波宮・難波京の歴史的な経緯についてやや詳細に見ていきたい。

複都制から見た難波宮・難波京

もともと難波宮は、大化の改新（乙巳《いっし》の変）の起こった六四五年に、政権を握った中《なかの》大兄《おおえ》皇子が造営を開始した難波長柄豊碕宮をはじまりとみなすことができる。中大兄皇子はこの新しい宮に、時の天皇であった孝徳天皇を移したが、政権の中枢にいた中大兄皇子およびその母である皇祖母尊（皇極天皇）は引き続き飛鳥に残っていた。

難波宮の宮殿は大化の改新の七年後の六五二年に完成し、『日本書紀』には「その宮殿の状、ことごとくに諭《い》ふべからず」と記されていることから、威容を誇る宮殿であったことがうかがえる。

この孝徳天皇の難波宮（難波長柄豊碕宮）は、考古学的には前期難波宮とされるものである。考古学的な発掘によって明らかになった前期難波宮の建物は、すべて掘立柱建物で、屋根は瓦葺《かわらぶ》きではなく、板葺あるいは檜皮葺《ひわだ》などであった。もっとも当時の瓦葺きの建物は寺院建築に限られていたので、これは宮殿の建物としては一般的なものであった。しかしこれまでの宮殿になかった要素としては、正方位による中軸線上に朱雀門《すざくもん》・朝堂《ちようどう》院《いん》・内裏《だいり》南門・内裏前殿・内裏後殿が配され、内裏の東西両脇には一対の八角殿院（平面八角形の建物）が置かれるという空間構成である。朱雀門・朝堂院が中軸線に沿って左右対称に配される構成は、後の藤原宮、平城宮へと受け継がれる要素である。さらに内裏前殿は、宮殿のシンボル的な存在として藤原宮以降の宮殿に採用された大極殿の先駆的様相を示す存在であるとみなすことができる。

こうしたことから、難波宮は同時代においては飛鳥の宮都よりも先進的なものとして造営されており、単なる離宮のようなものではなく、まさしく「もうひとつの首都」としてふさわしいものであったことが推測される。

しかしこの前期難波宮の遺構には火災の痕跡がみとめられる。これは天武朝の時代の六八六年の正月に「難波の宮室が全焼した」との記事があることから、その火災に対応するものと考えられる。これによって難波宮が副都としての機能を失ったどうかはわからないが、一時的に衰退を余儀なくされた可能性はある。

難波宮が再建されたのは奈良時代になってからのことである。聖武天皇は七二六年より難波宮の再建を開始し、七三二年に完成させた。この再建難波宮は、考古学的には後期難波宮として確認されている。

後期難波宮では、当時の宮殿であった平城宮と同様、瓦葺きの礎石建物が導入された。前期難波宮と同じ中軸線上に造営された瓦葺き礎石建物である大極殿《だいごくでん》を中心にして、北に内裏、南に朝堂院が配されるが、朝堂が平城宮の一二堂より少なく八堂である。しかし宮都としての機能は平城宮に匹敵するものであり、まぎれもなく「もうひとつの首都」としての機能を有していたものと考えられる。

また前期難波宮の段階には、宮殿の外側の都市域、すなわち条坊が存在したかどうかは不明であるが、後期難波宮の段階では、宮域の外側に条坊地割に関連する遺構がみつかっていることから、条坊を備えた都城、すなわち難波京が成立していた可能性が高いと考えられる。ただしその規模や形状については不明な点が依然として多い。

この後期難波宮は、聖武天皇の時代である七四四年に一時的に遷都され「正都」と位置付けられたが、まもなく平城京にふたたび遷都され、「正都」ではなくなった。しかしそれでも難波宮の宮殿建物や、難波京の都市としての機能はそのまま「副都」として残されたものと考えられる。そしてそれは長岡京の造営にともない難波京の廃止が決定されるまで、存続し続けたと考えられる。

このように難波宮・難波京は、六四五年に造営が開始され、七八四年に廃止されるまでの長きにわたって、六八六年に焼失して七三二年に再建されるまでの空白期間はあるものの、いわば「もうひとつの都」として存在したことがわかる。実際に天皇が住んで都とされたのは、孝徳天皇の九年間と、聖武天皇の一年間というわずかな期間でしかないが、政治的に重要な意味を持っていたからこそ、長きにわたって存続したものと考えられる。

ではなぜ難波宮・難波京は「副都」として位置づけられてきたのだろうか。その最大の理由は、難波津という港を擁し、畿内の外港として位置づけられてきたためであると考えられる。

畿内の外港としての難波京

古代における難波宮・難波京の周辺の地形を復元してみよう（図62）。現在の大阪平野の大部分は、河内湖と呼ばれる広大なラグーンとなっており、そこに上町台地が半島状に突き出ていた。難波宮が置かれたのがこの半島の先端部であり、難波京はその南側の半島部に展開したものと想定することができる。なお半島の付け根には、聖徳太子が建立した四天王寺が立地している。

難波津の正確な位置については特定されておらず、諸説あるが、難波宮の北側の、仁徳天皇が開削したとされる水路「難波堀江」沿いにあり、現在の高麗橋《こうらいばし》あたりにあったとするのが有力な説である。なおこの「難波堀江」は、上町台地の北側に長く伸びる砂州を横切る水路で、河内湖と大阪湾を東西につないでいた。

難波津は、遣唐使の出港地であり、また外国からの使節の上陸地でもあり、まさに畿内への玄関口であった。また難波津を歌った王仁《わに》作とされる「難波津の歌」、

難波津に咲くやこの花冬ごもり今は春べと咲くやこの花

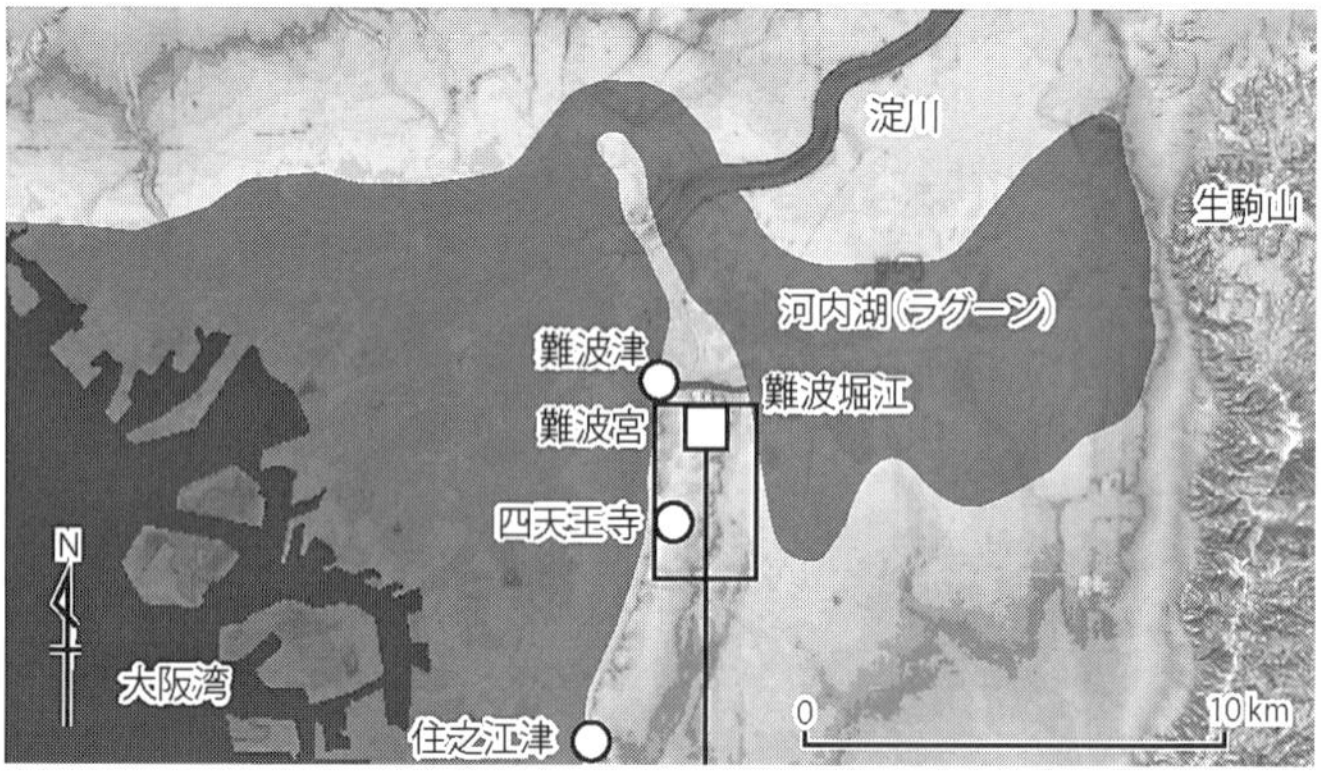

図62　難波京周辺の古地形復元案（カシミール3D© 画像を改変）

は、古代の人々にとって歌の手本とされてきた。その意味でも、難波津は古代の人々にとって象徴的な場所でもあったことがうかがい知れる。

そうした難波津に隣接する位置に営まれた難波宮・難波京は、いうなれば古代の港湾都市であったといえよう。すなわち天皇の住まう宮都である以上に、海上交通や対外交流においても重要な役割を果たした都市であったと評価できるのである。

難波津の埋没と難波京の廃止

しかし港としての難波津は、時代とともに衰退を余儀なくされる。その最も大きな原因は、河内湖の陸化である。

河内湖には、南から大和川、北東から淀川が注ぎ込み、これらの河川は水とともに大量の土を運んできた。こうした河川による沖積作用が、徐々に河内湖を埋め立てていった。

なお、現在の大和川はかつてのように北上せずにそのまま西に向かって進み、大阪湾に直接注いでいるが、これは江戸時代に大規模な付け替え工事をおこなった結果である。

先述の仁徳天皇による「難波堀江」の開削は、こうした陸化に対する対処策であると考えられる。すなわち、北東方向から流れてくる淀川によって河口部に土壌が堆積し、上町台地の北からは長い砂州が北に向かって伸び、この砂州が河内湖の排水を妨げ、洪水の原因になったと想定される。そのため砂州を東西に横断する水路を開削することで、河内湖の水を排水させたものと考えられる。

この水路のもうひとつの目的は、大阪湾と河内湖をつなぐ航路の確保である。これまで大阪湾から河内湖に入る船は、上町台地の半島の北を回り込むルートをとったものと想定されるが、この部分の陸化が進むことで、船の通行に支障をきたすようになったものと想定される。そのため、この水路は大阪湾から河内湖に入るための運河としても利用されたと想定されるのである。

仁徳天皇の時代は古墳時代中期に相当すると考えられるので、この頃にはすでに河内湖の陸化が進行していたことがうかがわれる。

奈良時代になると、河内湖の陸化はさらに進行したようで、『続日本紀』によると七六二年に安芸国から廻送された遣唐使船が難波津で動けなくなるという事件が発生する。このため、淀川と三国川（現在の神崎川）を結び付ける工事がおこなわれることになり、その工事は七八五年に完成している。しかしこの工事の完成の前年の七八四年に、長岡京への遷都と難波京の廃止が決められている。このことは、やはり難波津の港としての機能が衰退し、それにあわせて難波京の重要性が低下したためと考えられる。

長岡京、そして平安京へ

新しい港としての長岡京

難波京に代わって造営された長岡京は、難波京が持っていた港湾都市としての性格も持たされたと考えられる。それを理解するために、長岡京周辺の地形を復元して見てみよう（図63）。

長岡京は木津川・宇治川・桂川が合流して淀川になる合流地点の北側に営まれており、さらにその南東には巨椋池《おぐらいけ》が存在した。巨椋池は二〇世紀前半の干拓により姿を消したが、「池」というより「湖」というのがふさわしい大規模なものであった。木津川はさかのぼると平城京の北の泉津（木津）に至り、そこは平城京造営に際しての材木の荷揚げ港として機能したほか、その少し上流の地には聖武天皇による恭仁京が営まれた。また宇治川はさかのぼると近江の琵琶湖に至る。つまり長岡京の営まれた地は、河川による交通の要衝だったのである。

かつての淀川は現在よりも川幅も広く水量も多く、船が容易にさかのぼることができる環境にあったと考えられる。そして淀川をさかのぼっていくと、北に天王山、南に男山をのぞみ、平野が狭くなっている場所がある。ここに山崎津が設けられ、長岡京の港として用いられた。山崎津は、瀬戸内海から淀川をさかのぼってくる水上交通と、木津川・宇治川・桂川といった内陸の河川を利用した水上交通との、まさに結節点に位置していた。こうした山崎津を擁する長岡京は、難波津を擁していた難波京に代わって、畿内の外港としての役割を担うことが期待されたと考えられるのである。

なお、前述の複都制という観点から見ると、長岡京の造営は、当初はあくまで難波京の代替であり、「副都」としての位置づけであった。しかし前述の通り、長岡京後期の宮殿跡から出土する瓦には平城宮から運ばれたものが多く含まれ、また七九一年には平城宮の諸門を解体して長岡宮に運ばせたとあることから、ある段階からは長岡京は、平城京を移し、「正都」とするという政治的な転換がおこなわれたことが示唆される。つまりこの時点で、従来の副都制の考え方を捨て、都を一箇所とする単都制へ移行したことがうかがわ

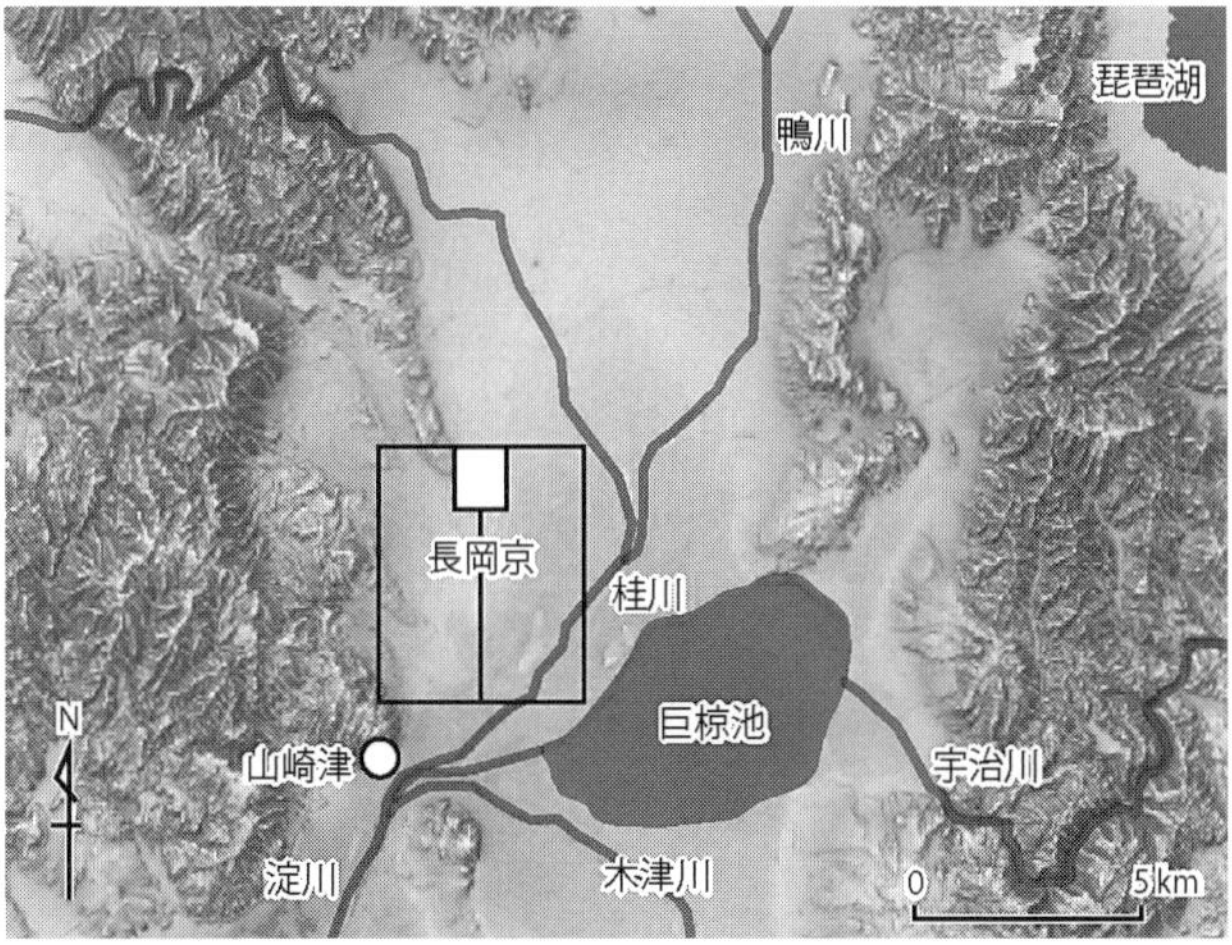

図63　長岡京周辺の古地形復元案（カシミール3D© 画像を改変）

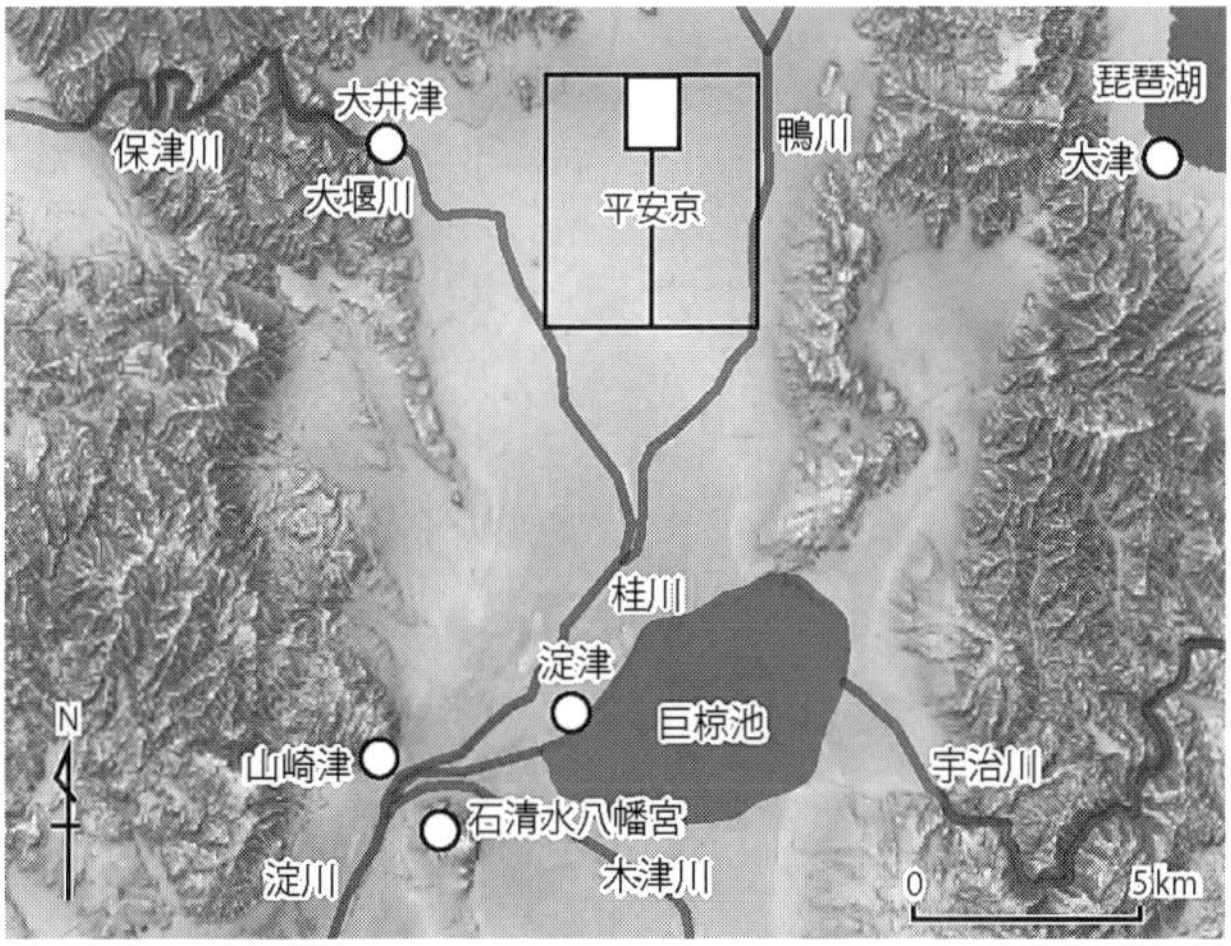

図64　平安京周辺の港の分布と古地形復元案（カシミール3D© 画像を改変）

れるのである。

しかし歴史の教科書をひもとくまでもなく、長岡京の歴史は短命に終わり、七九四年には長岡京は廃され、京都盆地の北に新たに造営された平安京が新しい都とされたのである。その理由については諸説あり、七八五年の造長岡宮使の藤原種継の暗殺や早良親王の配流など政治的混乱がおもな要因とみるのが一般的であるが、ここでは七九二年に二度にわたっておこった洪水について注目したい。

長岡京が営まれた土地は、西側の向日《むこう》丘陵から緩やかに南東方向に傾斜している。その南東には桂川が流れており、そこに流れ込む多くの支流が京内を北西から南東方向に向かって流れていた。そのため向日丘陵を源とした水資源には恵まれた土地ではあったが、いったん大雨になると、京内を走る河川が氾濫を起こす危険性があった。加えて桂川は大きな河川であり、当時その流路は必ずしも定まっていなかったと考えられるので、増水時には京の南東部は氾濫の被害にあうことが想定される。このように、河川に近いことが長岡京の長所である一方で、水の災害に見舞われやすいという短所も抱えていたと考えられるのである。

長岡京が都として機能したのは七八四年から七九四年までのわずか一〇年に過ぎないが、

この短い間に古代における都城制の考え方が大きく転換し，複都制から単都制へ移行したという，まさに画期といえるのである。

平安京造営と律令国家の確立

長岡京に代わって造営された平安京は，当初から単都制の都と想定されて造営されたものと考えられる。平安京の造営にあたっても，『日本紀略』に「葛野《かどの》の地は山や川が麗《うるわ》しく四方の国の人が集まるのに交通や水運の便が良いところだ」という桓武天皇の勅語が記されていることからもわかるとおり，交通や水運を重視していたことがうかがい知れる。

平安京には当初，淀津と大井津という二つの港が設置されたとされており，このうち淀津は桂川と宇治川の合流地点である現在の淀町の周辺と想定される（図64）。距離的には山崎津とそれほど離れておらず，山崎津と同様，木津川・宇治川・桂川そして淀川の水上交通の結節点として選ばれたのだろう。また大井津は，嵐山周辺にあったと想定されており，桂川の上流部をかつて大堰川《おおいがわ》と呼んでいたため，大堰川の津ということで大井津と名付けられたのだろう。ここは桂川の上流（保津川）からの水運，特に材木の荷揚げ港として重要な役割を果たしたと考えられる。

しかし後の時代になると，山崎津もまた平安京の港として重要な役割を担っていくこととなる。山崎津を見下ろす男山の山頂には石清水《いわしみず》八幡宮が営まれ、源氏をはじめとする武士の信仰を集めた。また中世になると石清水八幡宮の庇護を得た大山崎油座が、荏胡麻《えごま》油の流通を担うことを通じて、中世の流通に大きな役割を果たした。

さらにもうひとつ、平安京の港として重要な役割を担うことになったのは琵琶湖に面した大津である。ここはかつて大津宮として宮都が置かれた場所であったが、壬申の乱の後、大津は「古津《こづ》（かつての都の港）」の名に甘んじてきた。しかし平安京の成立後は、都の東の外港としてその重要性が増加したと考えられる。最澄により比叡山に延暦寺が開かれると、大津はその東側の玄関口となり、さらに周辺には石山寺や園城寺といった仏教寺院が栄え、さながら仏都としての観を呈するようになった。琵琶湖を通じて運ばれてきた物資は、大津で荷揚げされ、そのまま陸路の山越えで平安京に運ばれたほか、南に流れる宇治川を通じて、平安京の南の港である淀津や山崎津に運ぶこともできたのである。

このように水上交通の観点から見ると、平安京はかつての平城京—難波京の時代に比べて、より多方面への交通に開かれた土地であったことがわかる。これは、桓武天皇が推し進めた律令国家の列島全体への展開においても、重要な意味を持っていたと考えられる。

さらに律令国家の展開という観点から、いまいちど平安京を都城制の観点から見直すと、平安京は列島規模での複都制を実現するために造営されたという仮説を想定することも可能である。このときに重要なのは、九州の大宰府《だざいふ》と、東北の多賀城《たがじょう》の存在である。つまり桓武天皇は、平安京を「正都」とし、大宰府と多賀城を「副都」とする、列島規模での複都制を意図していたと考えるのである。

大宰府—遠《とお》の朝廷《みかど》

九州の大宰府は、六七一年に初めて「筑紫大宰府」の記述が見えるが、行政機関として整備されたのは奈良時代の頃と考えられる。このころは、例えば中央で失脚した藤原広嗣《ひろつぐ》の左遷先になるなど、それほど重要な機関ではなかったようである。しかし八〇六年に桓武天皇の皇子である伊予親王が大宰府の長官である大宰帥《だざいのそち》に就任し、その政治的な位置づけが高められた。これ以後、大宰帥には親王が任命されるのが通例となったが、実際には親王は現地へ赴任せず、次官である大宰権《ごんの》帥《そち》が実務的な任にあたった。

古代の中国においても、「副都」の支配を皇太子に委ねる「太子監国の制」と呼ばれる制度があったが、大宰帥への親王の任命はこれに倣ったものと考えるなら、まさに大宰府は「副都」として位置付けられる存在になったと考えられる。

大宰府には、都城と同様、東西約二・六キロメートル、南北約二・四キロメートルの条坊が存在したと想定されており、その造営は奈良時代に始まるがその施工は部分的であり、平安時代の一〇世紀頃には完成した条坊制が成立したと考えられている。こうしたことから、大宰府は平安時代になって都城としての体制が確立されたと考えられる。

多賀城―北方の城塞都市

多賀城については、七二四年に按察使《あぜち》である大野《おおの》東人《あずまひと》の築城が始まりとされるが、当初は多賀柵と言われていたことからもうかがえるように、柵をめぐらす程度のものであったと想定される。しかしその後、陸奥国の国府がここに置かれるとともに、蝦夷征伐の前線基地である鎮守府も置かれ、現在の青森県・岩手県・秋田県の一部、宮城県および福島県を含む広大な陸奥国の中心として栄えた。特に八〇二年に征夷《せいい》大将軍《たいしょうぐん》の坂上《さかのうえの》田村麻呂《たむらまろ》が入城して城を整備し、南北一・一キロメートル、東西〇・九キロメートルの規模となった。内郭と外郭に分かれ、周囲には築地《ついじ》塀《へい》をめぐらせたと想定されている。城柵の周辺には国司館や寺院（多賀城廃寺）などが設置され、さながら城塞都市の観を呈していたと想定される。

なお多賀城周辺の古代の地形は、多賀城の前面にラグーンが広がる潟湖地形となっており、多賀城は港としても有利な立地にあったと想定される（図65）。しかしこうした海に近い立地にあったため、八六九年の貞観《じょうがん》の大地震による津波によって多賀城は甚大な被

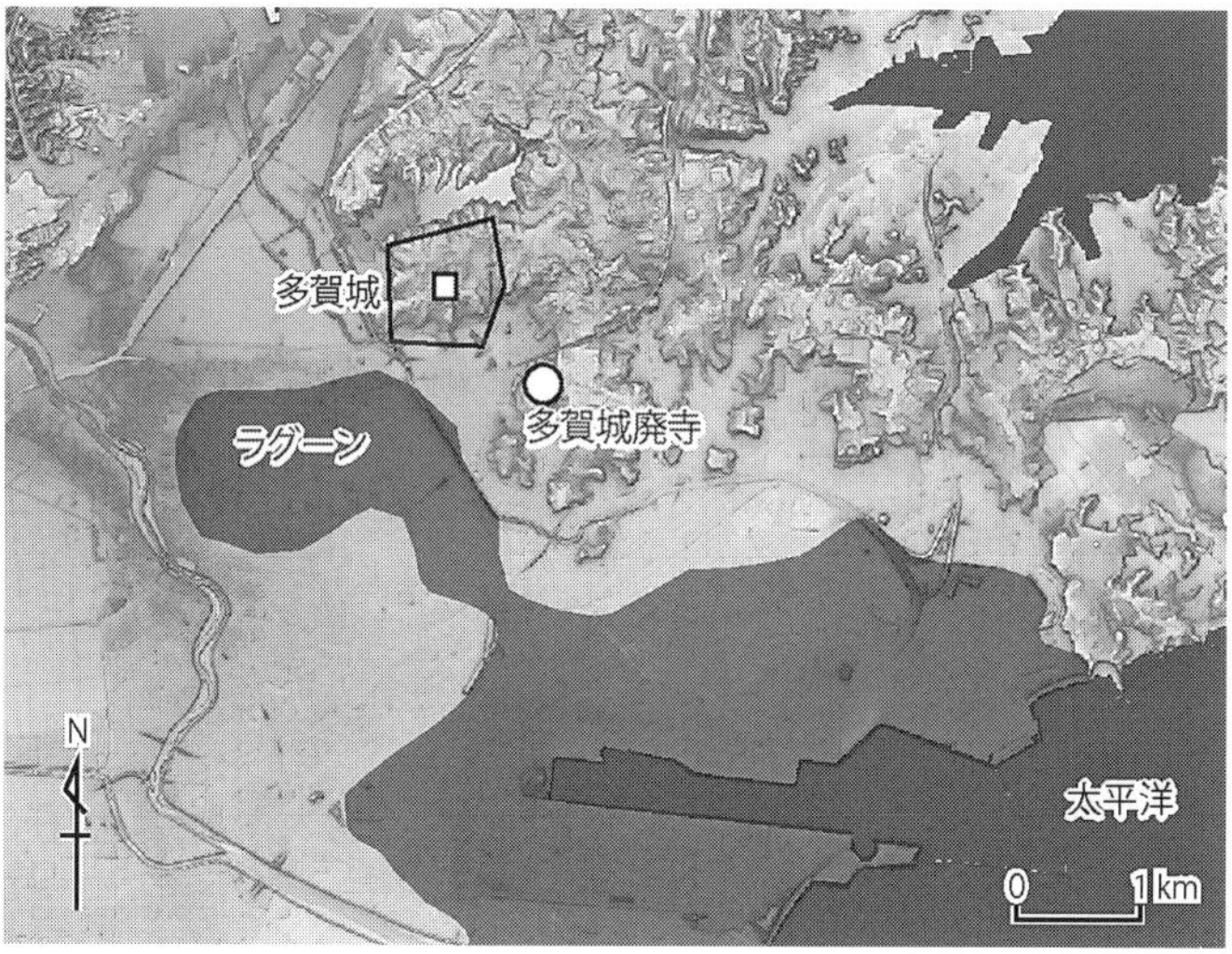

図65　多賀城周辺の港の分布と古地形復元案（カシミール3D© 画像を改変）

害を被った。しかしその後、復興が成され、室町時代頃まで存続したと考えられている。

多賀城は平安京や大宰府に比べると都城として完成された存在ではなかったかもしれないが、複都制の観点から見ると、中国の唐における第三の都である太原に相当するだろう。すなわち敵対する異民族（夷狄）に向かい合う前線基地としての都城として、多賀城は位置付けられたと考えられるのである。

平安京—大宰府—多賀城からなる複都制というのは依然として仮説の段階に留まっているが、今後こうした観点からの検証が進められることを期待したい。

北方と南方の古代の港

北方世界の古代──標津

もうひとつの「古代」

北海道は本土とはかなり異なった歴史を歩んできた。それでも本土の古代に相当する時期には、活発な海上での活動がおこなわれており、それにともなって港が重要な役割を果たしたことが想定される。そこで以下では、北海道のオホーツク沿岸における古代の港の様相について見てみることとしたい。

先史時代には北海道にも縄文文化が存在し、本州以南の地域とも文化的なつながりを有していたことが推測される。しかし本土では弥生時代に稲作農耕文化がもたらされたのに対し、北海道には弥生文化は到達せず、縄文時代の系譜を継いだ続縄文文化という独自の文化が展開した。これは、北海道が稲作農耕をおこなうのには気候的に厳しい土地であったことに加え、豊かな自然資源が存在したため、狩猟採集経済が存続しえた、ということだと考えられる。続縄文文化の人々は竪穴式住居に住み、狩猟と漁労を中心に、採集と、アワ・キビ・ヒエ・ソバなどの雑穀の栽培農耕もおこなったと考えられている。道具は石器が中心であったが、本州から鉄器も入り込むようになった。この続縄文文化は西暦六〇〇年頃まで存続したと考えられている。

七世紀頃になると続縄文文化は、本州の土師器《はじき》の影響を受けた擦文《さつもん》土器を用いる擦文文化へと変化した。擦文文化の人々は、河川での漁労を主体としつつ、狩猟、栽培農耕から食料を得ていた。擦文時代には鉄器が普及して、しだいに石器が作られなくなった。普及した鉄器は刀子で、木器などを作る加工の道具として用いられたと考えられている。鉄器は主に本州との交易で入手したが、北方経由で大陸から入ってきたものもあった。

オホーツク文化とトビニタイ文化

また北海道のオホーツク海沿岸では、擦文文化とはまったく系統の異なるオホーツク文化が、三世紀くらいから展開するようになった。オホーツク文化は樺太《からふと》および南千島にも広がっており、その起源はユーラシア大陸のアムール川流域あたりではないかとする考え方が有力である。オホーツク文化の人々は海に依存して暮らしており、漁業および海獣を対象とした狩猟を盛んにおこなった。彼らはヒグマの狩猟もおこない、これはおもに交易用の毛皮を入手するための狩りと考えられているが、住居の中にヒグマの頭骨をはじめとした動物骨の集積（骨塚）を築いたことから、儀礼的な意味合いもあったと考えられる。さらにオホーツク文化の人々も鉄器を用いていたが、これらは交易により大陸から入手したものが主体であったと考えられる。オホーツク文化と擦文文化は同時代に併存していたが、前者はオホーツク海沿岸を中心とした道東・道北地域、後者は道央・道南地域を中心に分布していた。

九世紀頃になると、擦文文化が道北地域にも進出してきたため、道東のオホーツク文化も擦文文化の影響を大きく受けるようになった。こうして成立したのがトビニタイ文化で、生業の中心も、海における漁業や海獣の狩猟から、河川におけるサケ・マス漁へと転換した。トビニタイ文化の人々も鉄器を使用したが、これはおもに擦文文化の人々との交易によって入手したと考えられている。また彼らは、オホーツク文化の人々と同様、住居の中に骨塚を築いた。トビニタイ文化は徐々に擦文文化と同化していき、一三世紀頃には姿を消したと考えられる。

しかしトビニタイ文化は単に擦文文化に吸収されてしまったわけではなく、擦文文化の方も同時に大きく変容し、一三世紀頃にアイヌ文化へと転換したと考えられている。その意味で、アイヌ文化は擦文文化とトビニタイ文化が融合して成立したと考えることができる。アイヌ文化の母体は擦文文化の人々が担ったようであるが、アイヌ文化の特徴のひとつである、ヒグマを神聖なものとし「クマ送り（イオマンテ）」などの儀礼をおこなう文化は、オホーツク文化およびトビニタイ文化から引き継がれたものであるとの考えが有力である。

このように、北海道の歴史は本土とは異なる道筋をたどってきたが、本土の歴史区分にあてはめると、古代、すなわち古墳時代から平安時代までの時期は、ほぼ擦文文化・オホーツク文化・トビニタイ文化の時期に相当する。

この北海道における、もうひとつの「古代」においても、港の立地には本土との共通性がみとめられる。すなわち、潟湖地形のラグーンを利用するという要素である。

標津における古代の港

本土に比べると、北海道には多くの潟湖地形が存在する。特にオホーツク海沿岸の道東地域には、日本最大の潟湖地形であるサロマ湖をはじめ、数多くの潟湖地形を見ることができる。これは、潟湖地形が形成されやすいという地理的条件に加え、干拓などの人の手が入ることが少なかったことも大きな要因である。

潟湖地形と港の関係を考える上での事例として、以下では標津《しべつ》の例を見ていきたい。標津は知床半島の付け根の南側のオホーツク海沿岸に位置し、その対岸には国後島がある。現在でも有数のサケの漁獲地であるが、おそらく先史時代からサケ・マスを中心とする資源に恵まれた地であったと推測される。

標津には、標津川とポー川というふたつの河川に挟まれたところに標津湿原と呼ばれる湿地帯が広がっている。現在は泥炭《でいたん》の堆積が進み、中心部は水に浸っていない高層湿原という状態になっているが、かつてはラグーンを形成していたと推測される。またかつての標津川は激しく蛇行し、河口部では海岸砂丘に阻まれて、南側に大きく流れを変えられていたと想定される。こうしたこの潟湖地形の周辺には標津遺跡群と呼ばれる複数の遺跡が分布している（図66）。

このうち、標津川の川岸の自然堤防上に立地するのが古道遺跡である。縄文時代・続縄文文化の平面形が円形・楕円形の竪穴建物の痕跡五二軒分と、擦文文化の平面形が隅丸方形の竪穴建物の痕跡一六〇軒分が見つかっている。

標津川の河口近くの、潟湖地形の砂丘堆《たい》に立地するのが三本木遺跡である。ここではオホーツク文化の平面形が五角形の竪穴建物の痕跡二一軒分が見つかっている。

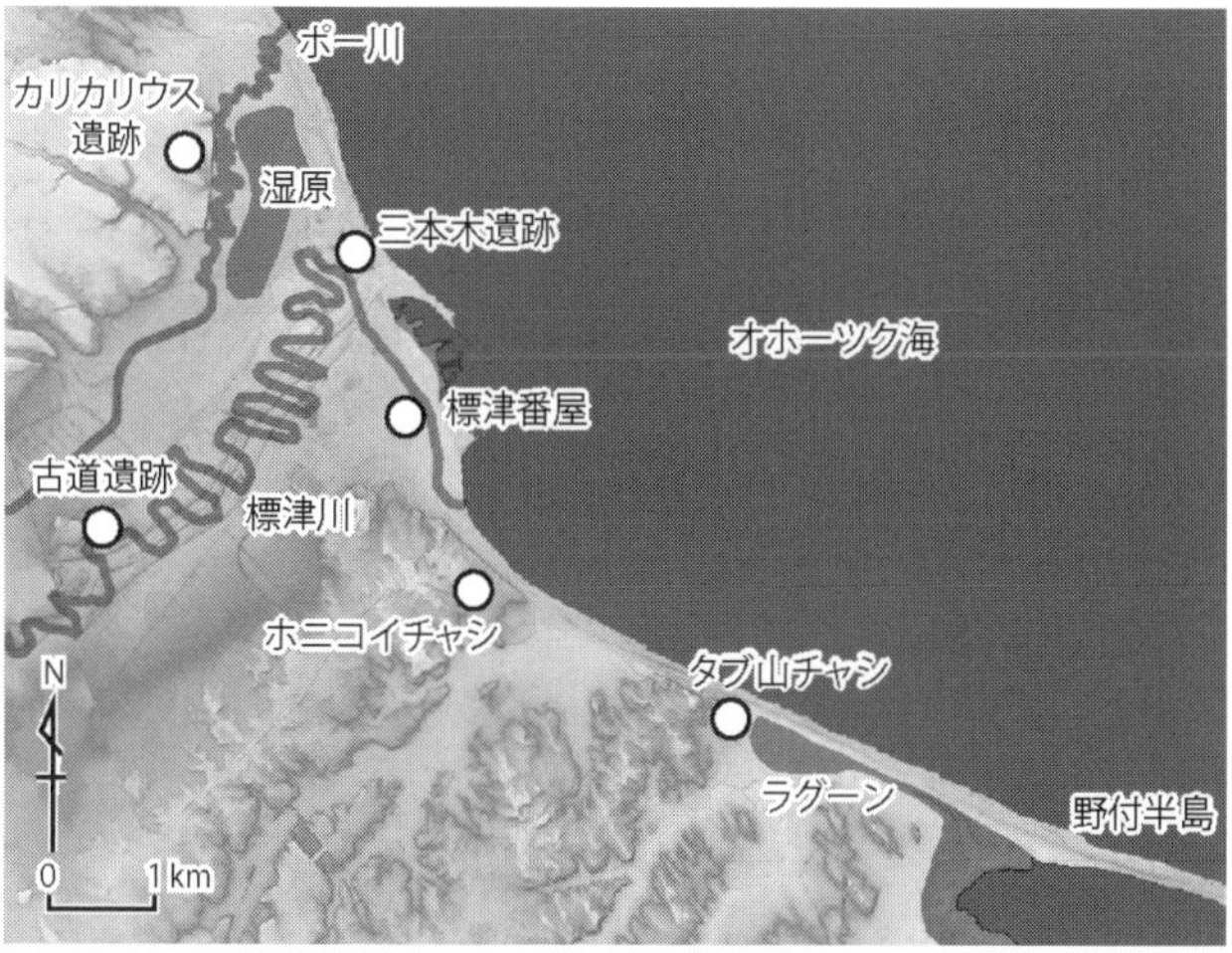

図66　標津周辺の遺跡分布と地形（カシミール3D© 画像を改変）

図67　カリカリウス遺跡と復元された竪穴建物の様子（筆者撮影）

そして標津遺跡群のうち最も大規模なものがカリカリウス遺跡で、標津湿原を見下ろす台地上に立地している（図67）。おもにオホーツク文化からトビニタイ文化に属する竪穴建物の痕跡が四〇〇〇以上も確認されており、けた違いに大規模な集落であったことが推測されるだけでなく、オホーツク文化からトビニタイ文化への変遷を理解する上でも重要な遺跡である。またトビニタイ文化以降のアイヌ文化の時期にもこの場所は利用されていたようで、アイヌ文化に特徴的な遺構であるチャシの跡が残されている。

カリカリウス遺跡の前面にある湿原は、直接海とつながっておらず、また遺跡が機能していた時期にはある程度、泥炭の堆積が進んでいたと考えられるため、ここが船の停泊地として利用されていた可能性は少ないだろう。しかし蛇行するポー川を船で遡ることで遺跡の前面までアクセスすることが可能だったと考えられる。

オホーツク文化およびトビニタイ文化の人々がどのような船を用いていたかについてであるが、出土資料による証拠はないものの、遺物に描かれた絵や土製の船の模型から推測すると、丸木船か準構造船であったことが推測される。アイヌ文化の人々はイタオマチプと呼ばれる、材を縄で縫合した準構造船を用いていたため、それに類似した構造の船であった可能性もある。いずれにせよ喫水の浅いカヌー・タイプの船であったと考えられるので、ポー川を遡ることは十分可能であっただろう。

アイヌ文化期の標津では、カリカリウス遺跡にチャシが築かれ、また現在の標津の市街地の南側の丘陵上にチャシが築かれ、野付《のつけ》半島の根元にあたる茶志骨《ちゃしこつ》にはタブ山チャシが築かれるなど、引き続きこの地で人々が活動を続けていたことが推測される。

エリモンクル物語

この頃のアイヌの活動を伝える物語として「エリモンクル物語」という話が伝えられている。これは後述する野付通行屋で幕末期に活躍した加賀伝蔵という人物が残した『加賀家文書』という史料に書き記された物語で、その概要は次のとおりである。

標津はサケが良く捕れ、ギョウジャニンニクやワラビなどの山の幸にも恵まれた豊かな地であり、標津川の右岸にあるホニコイチャシを拠点とする酋長《しゅうちょう》により治められていた。

しかし悩みの種は隣の地域を治めるトシャムコロという酋長で、彼は茶志骨川のほとりにあるチフルチャシを拠点とし、尾岱沼《おだいとう》や野付、春別《しゅんべつ》あたりまでを支配していた。トシャムコロは年老いていたが力強く戦上手で、何度もホニコイチャシを攻めてこの地を悩ましてきた。

ところがある日、エリモンクルという人物が来て、ホニコイチャシの酋長の軍師となった。エリモンクルは戦上手で、トシャムコロの軍を何度も破った。

エリモンクルにはコエカイマツという、若く美しい恋人がいた。ある日、エリモンクルは一計を案じた。裸の女性にチフルチャシの前を走らせ、敵がそちらに目をとられている隙にチフルチャシを攻めようという作戦であった。エリモンクルはコエカイマツにその大役を担ってもらおうと説得するが、彼女は嫌がりなかなか応じてくれない。しかし最後には恋人のためにしぶしぶ応じることとなった。

ある朝、裸になったコエカイマツはチフルチャシの前を走りぬけた。チフルチャシを守っていた見張り番はそれを見て驚き、チャシの中は大騒ぎになった。兵たちはみなコエカイマツの姿を見ようとチャシの端に集まった。このとき間が悪いことに、酋長のトシャムコロは疲れていたのか寝込んだままだった。

その隙をついてエリモンクル率いるホニコイチャシの軍勢は、兵がいなくなったもう一方のチャシの端から一気に攻撃し、チフルチャシを攻め落とした。トシャムコロはたいそう悔しがりながら亡くなった。

チフルチャシの地域の人々は降伏し、ホニコイチャシの酋長の支配下に入った。エリモンクルとコエカイマツは人々に感謝され、二人は結婚して幸せに暮らした。トシャムコロは、野付湾の中にあるキモッペモシリという小島に財宝を隠したと噂されたが、怨霊を恐れて誰もそれを確かめるものはいなかった。キモッペモシリはやがて海の中に沈んでしまい、今でも財宝の行方はわからない。

この物語に登場するホニコイチャシは標津川の右岸にあったと伝えるが、かつての標津川は現在の標津の市街地の背後を、海岸線と平行に南に向かって流れ、その南側で海に注いでいたと想定される。そしてその南側の丘陵地にはいくつかのチャシ跡が確認されているが、これらがホニコイチャシに比定されるだろう。こうしたことから、このラグーンは港としても利用され、それに近い位置の丘陵にチャシが営まれ、この地域の支配の拠点となったのだろう。

またチフルチャシについては、野付半島の根元にあたる茶志骨にあるタブ山チャシに比定される可能性が高い。この地域の現在の名前である「茶志骨（チャシコツ）」は「チャシの跡」という意味であるため、もともとここにチャシがあったことが地名に反映されているのだろう。そしてこのチャシは野付湾のラグーンを望む高台に位置することから、やはり港としての立地条件を備えていたことが推測される。

この「エリモンクル物語」がいつの時代の物語であるかはわからないし、口承伝承としては既に絶えてしまった物語ではあるが、幸いにも加賀伝蔵なる人物によって記録されることによって現在まで伝わっているのである。

クナシリ・メナシの戦い

その後、この地が大きな歴史の流れに巻き込まれるのは、クナシリ・メナシの戦いが起こった一七七三年のことである。この時期になると道東地域にも和人（本土からの日本人）が進出するようになり、アイヌとの間に摩擦をもたらすようになってきた。特に松前藩による「場所請負制度」によってこの地域の権益を独占的に獲得した飛驒屋久兵衛は、国後島《くなしり》を拠点にニシンを原料とした肥料の生産を始め、大勢のアイヌを雇用した。しかし飛驒屋はアイヌに対して過酷な使役を課し、それに不満を持った国後島のアイヌが蜂起し、目梨《めなし》と呼ばれた標津および羅臼《らうす》のアイヌがこれに呼応し、和人の商人らを襲撃して殺害するという事件が起こった。これに対し松前藩は、鎮圧のために藩兵を派遣し、またアイヌの有力首長たちに降伏の説得のための協力を求め、結果的に蜂起したアイヌの多くが投降に応じ、首謀者が根室ノッカマップで処刑され幕引きとなった。

なおこのときに松前藩に協力した一二名のアイヌの酋長の肖像を描いたのが『夷酋列

像』である。ここで描かれた酋長たちは、中国大陸の清朝の礼服を身にまとったり、ロシアの軍服を羽織ったりしており、そうした表現はアイヌをことさら異民族として誇張して表現しようとした意図を反映しているが、一方でアイヌが中国大陸やロシアとも盛んに交流してこのような文物を入手していたことも示している。

そしてこの事件の三年後には、同じく北千島に進出してきたロシア帝国の使節アダム・ラスクマンが根室に来航するという事件が起こる。そのため幕府は一七九九年にこの地域を含む東蝦夷地を天領（直轄地）とし、支配を強化することとなった。

標津と会津藩

一九世紀になるとこの地域における政治的緊張はさらに高まってきた。一八五三年〔ママ〕

ロシア帝国は海軍提督エフィム・プチャーチンを日本に派遣し、一八五四年に日露和親条約が結ばれたが、幕府はさらに北方の対ロシア防衛を強化すべく、翌年の一八五五年に蝦夷地の天領を会津・仙台・秋田・庄内の四藩に分割して領地として与え、海上警備にあたらせた。これにより標津・斜里《しゃり》・紋別一帯は会津藩領となり、標津に陣屋が設けられ、会津藩の拠点となった。

しかしこの時期にはこの地域における商業活動も活発におこなわれていた。当時の標津の町の様子を描いた「標津番屋屏風」では、標津神社付近にあった標津番屋を中心に秋鮭

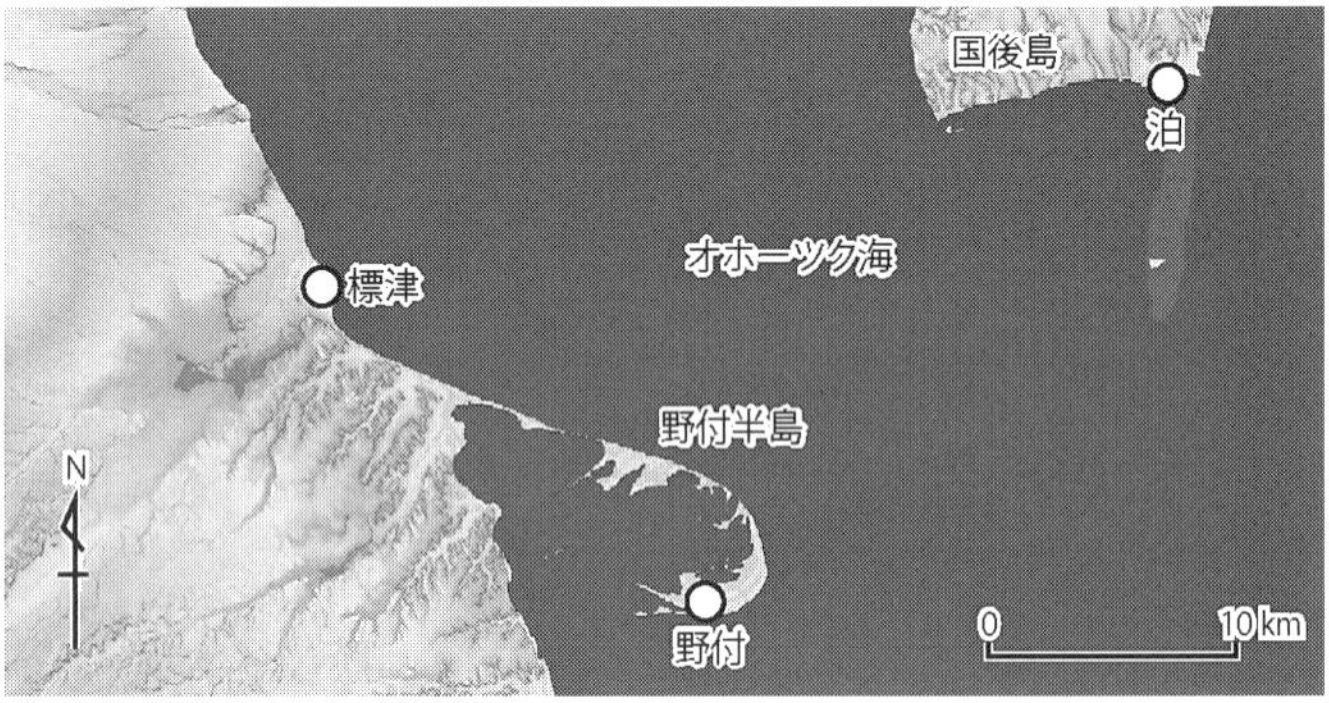

図68　オホーツク海沿岸における幕末期の主要な港（カシミール3D©画像を改変）

図69　野付半島の長大な砂嘴とラグーン（筆者撮影）

漁の頃の様子が写実的に描かれている。この屛風においても、標津川が標津番屋の前を流れている様子が描かれており、かつて標津川が南に向かって流れていたことを示している。このなかで興味深いのは、イタオマチプの船に乗ったアイヌが描かれていることで、なかには和人のようにチョンマゲを結ったアイヌもいることである。このころの標津が和人にとって重要なだけでなく、和人とアイヌの交流の地であったことも示している。

また国後島でのニシン漁が盛んであったことから、国後島と道東地域の間の海上交通も発展した。その主要ルートは子モロ《ね》（根室）から野付を経由し国後島の泊に至るものであったが、なかでも野付は根室海峡を渡るうえでの交通の要所であり、通行屋と呼ばれる番所が幕府によって設置された（図68）。

野付半島は全長二八キロメートルにもおよぶ日本で最長の砂嘴《さし》であり、その内側の野付湾は巨大なラグーンとなっている（図69）。野付の通行屋はこの半島の先端にあり、発掘調査によって陶磁器などが出土している。

幻の街キラク

ところで野付半島には「幻の街キラク」に関する伝説が残されている。文献にはこの街に関する記述は残されていないが、「歓楽街があった」「夜中、灯りが消えることがなかった」「遊女がいた」などの言い伝えが残されているものの、一夜にして海に沈んで消えてしまったという。

野付半島は巨大な砂嘴であり、常に波風による浸食にさらされていることに加え、津波や高潮の被害にも遭いやすいため、あるいは現実に街が一夜にして消滅することもありうるだろう。おそらくキラクが実在したなら、それは野付通行屋に隣接して立地したと推測されるが、今後の考古学的調査によって解明されることを期待したい。

北海道における古代の港の研究の可能性

このように北海道の歴史は本土とはかなり異なった道のりをたどってきた。しかしこと港について着目すると、潟湖地形を利用するなど、その立地のあり方は本土と共通する点があることがわかった。それはつまり船を安全に停泊させることができ、なおかつ海上交通に有利であるという目的にかなった条件の立地を追及すると、同じような立地を選択することになるということだろう。

その意味で、北海道においても古代の港の研究は十分、適用可能だと考えられる。むしろ逆に、北海道の方が古代の港の研究を進めるのに理想的な条件がそろっていると考えることもできる。

なぜなら前述のとおり、北海道においては現在なお多くの潟湖地形が残されており、干拓などの人の手による改変も本土に比べると少ないので、古代の港の景観を現在まで良好に保存している可能性が高いからだ。

加えて北海道では、竪穴建物の痕跡が地表上にそのまま残されていることが多く、遺跡の存在や規模を容易に認識することが出来るという利点もある。とりわけオホーツク沿岸域では、地表面に無数のくぼみとなってその痕跡が残されている遺跡が多い。標津のカリカリウス遺跡や、北見市の常呂《ところ》遺跡群などはその代表である。

こうした点から見ると、北海道は古代の港の景観を復元する上で有利な条件がそろっていると考えることができる。そしてその成果は、本土における古代の港の復元においても参照例とすることができるだろう。その意味で、北海道は古代の港の研究において大きな可能性をもつ地域であると言えるだろう。

南方世界の古代——西表島・網取

先島諸島の古代

沖縄・奄美を含む南西諸島も、北海道と同様、本州などとは異なった歴史を歩んできた。しかしその歴史は日本列島のなかでも最も古い地域のひとつと考えられている。その証拠に、旧石器時代の発掘人骨のうち、確実なものはことごとく南西諸島から見つかっている。最も代表的なものは沖縄本島で見つかった「港川人骨」であり、およそ一万八〇〇〇年前のものと推定される。

また近年では石垣島の白保《しらほ》竿根《さおね》田原《たばる》洞穴《どうけつ》遺跡からは、二万七〇〇〇年前に遡る人骨が見つかっている。この時期の南西諸島は中国大陸からも九州以北の日本列島からも海を隔てて切り離されていたため、彼ら旧石器時代人は何らかの船を用いて、南西諸島に渡ってきたのではないかと考えられている。それを証明すべく、国立科学博物館の研究チームが目下、草船などの原始的な船を用いての、台湾から南西諸島までの実験航海を計画しているところである。

しかし南西諸島における人類の居住の歴史は、その後の時代になると詳細がわからなくなり、爪型文を施した土器や、九州の縄文土器に関連した土器が散発的に存在するものの、明確に生活の痕跡が確認されるのが縄文時代中期にあたる約五〇〇〇年前の時期である。彼らは海岸部に貝塚を築き、漁労を中心とした生業を営んでいたと想定されることから、これ以降の時期を、南西諸島では貝塚時代と呼んでいる。

貝塚時代は大きく前期と後期に分けられ、前期は本土の縄文時代に相当し、後期は弥生時代から平安時代に相当する。しかし貝塚時代後期になっても南西諸島には本格的な農耕は導入されず、引き続き漁労を中心とした狩猟採集に依存した生業を営んでいたと考えられる。

一二世紀頃になると、農耕が導入され、社会の複雑化が一気に進行したと考えられる。この頃になると、グスクと呼ばれる石垣で築かれた城が各地に築かれ、それぞれ按司《あじ》と呼ばれる首長がグスクを根拠として地域を支配し、群雄割拠するようになっていった。またこの頃になると、本土および中国大陸、さらには東南アジアとの交易が盛んになり、陶磁器などの文物が南西諸島にもたらされるようになった。この時代をグスク時代と呼ぶ。一四世紀頃になると、地域の統一が進み、沖縄本島では三つの国にまとまった。これを三山時代と呼ぶ。

三山のうち最も力をつけた南山の尚《しょう》氏が、中山、続いて北山を打倒し、一五世紀前半には沖縄諸島に統一王国を築いた。これが琉球王国の始まりである。この後、政権の中での混乱などを経つつ、奄美《あまみ》群島および先島《さきしま》諸島も支配下に治め、南西諸島全域を支配する王権を樹立させた。この琉球王国は、中国大陸の王朝に対し朝貢をおこなった上で、東シナ海の海上交易における中継地として繁栄することとなる。

しかし一六〇九年に薩摩藩の島津氏が琉球王国に侵攻し、これを支配下に置いた。薩摩藩は奄美群島を直轄支配する一方、琉球王国の王朝は存続させたまま支配下に置き、沖縄諸島および先島諸島は琉球王朝を介して間接的に支配した。琉球王国は中国大陸の王朝にも引き続き朝貢《ちょうこう》関係を保っていたので、琉球王国は中国王朝の朝貢国でありながら薩摩藩の支配下にあるという、政治的に困難な状況に甘んじざるを得なかった。

そして明治維新を受けて従来の幕藩体制が解体され、廃藩置県が進められる中で、一八七二年に琉球王国は琉球藩となり、さらに一八七九年に琉球藩は沖縄県となり、この段階で名目共に琉球王国は消滅した。この一連の過程を琉球処分と呼ぶ。以降、一九四五年の沖縄戦、その後のアメリカによる占領・支配を経て、一九七二年に本土復帰を果たした。

以上がおおまかな南西諸島の歴史の流れであるが、これは主に沖縄諸島を中心とした地域の流れであり、宮古諸島および八重山諸島を含む先島諸島は、さらにこれとも異なった歴史の流れを歩んできた。

先島諸島における貝塚時代前期の様相は、本土の縄文文化の影響の大きい奄美群島・沖縄諸島とは異なり、むしろ台湾および東南アジアとの関連性が強いと考えられている。先島諸島の最も古い段階の土器は、下田原式土器と呼ばれるもので、およそ三五〇〇年前に遡ると想定されるが、台湾の先史文化の土器との関連性が認められる。

およそ二五〇〇年前の時期になると、先島諸島の遺跡からは土器が出土しなくなり、そのためこの時期を無土器時代と呼ぶこともある。無土器時代の遺跡からはシャコガイの貝殻を加工して製作した貝斧と呼ばれる道具が見つかるようになる。貝斧はフィリピンをはじめとする東南アジアおよびオセアニア地域に特徴的に分布する道具であり、こうした地域からの影響も想定することができる。

沖縄諸島における琉球王国の成立後は、先島諸島にも王国の勢力が及ぶようになった。一五〇〇年、これに反旗を翻した石垣島の按司、オヤケアカハチが反抗したが、琉球王国の征討軍に討たれ、それ以降、琉球王国の支配下に置かれたのである。

このように、南西諸島の歴史の流れは本土のそれとはかなり異なるが、先島諸島の歴史は南西諸島の中でもさらに異なった歴史を歩んできたのである。

さて以下では、南西諸島における古代の港の様相を見ていくことにしたいが、この場合の古代は、南西諸島の時代区分ではおおよそ貝塚時代後期にあたると考えて良いだろう。この時期の遺跡で港と考えられるものが数多くあるが、以下では西表島の網取を例として取り上げることとしたい。

サンゴ礁に適応した網取

網取は西表島の南西に位置し、かつて網取村という村落が存在したが、本土復帰直前の一九七一年に廃村となり、今では東海大学の研究施設が置かれているに過ぎない。今ではまさに秘境といっても過言ではない。しかしここには網取遺跡と呼ばれる、先島諸島の時代では無土器時代に相当する時期の遺跡が存在しており、古い時期から人々の居住・活動がおこなわれていたことを示している。網取遺跡は貝塚が主体の遺跡であり、その貝塚も本土のものとは大きく異なる。網取の周辺で採取できる貝類は、シャコガイ・サラサバテイ・ラクダガイといった巨大なものが多く、そのため貝塚も巨大な貝殻の集積といった呈を成している。これらの貝類が食料資源としておおいに利用されていたことをうかがい知ることができる。

網取遺跡からは土器などの道具がほとんど見つからなかったが、貝塚から出土した動物遺存体を用いた放射性炭素年代測定によって、およそ五世紀頃の年代と推定された。本土では古墳時代に相当する時期である。

網取は、深い入り江である網取湾の入り口に位置しているが、その前面には巨大なサンゴ礁の浅瀬（リーフ・フラット）が形成されている。このサンゴ礁の内側は、水深が数メートルしかなく、また周囲は裾礁《きょしょう》（リーフ）によって囲われているため外洋の波は打ち消され、内側は穏やかな海となっている。いわばサンゴ礁のラグーンとなっているのである。このラグーンはいわば「天然のいけす」であり、ブダイやフエダイといったサンゴ礁性の魚類や、シャコガイ・サラサバテイといった貝類が生息するには絶好の場所となっている。このラグーンが、網取遺跡の人々にとって貴重な資源であったことが想定される。

また網取には小規模ながら、潟湖地形も存在した可能性が高い（図70）。かつてラグーンであったあたりは、近世以降に水田として利用されたため、現在は湿地のようになって

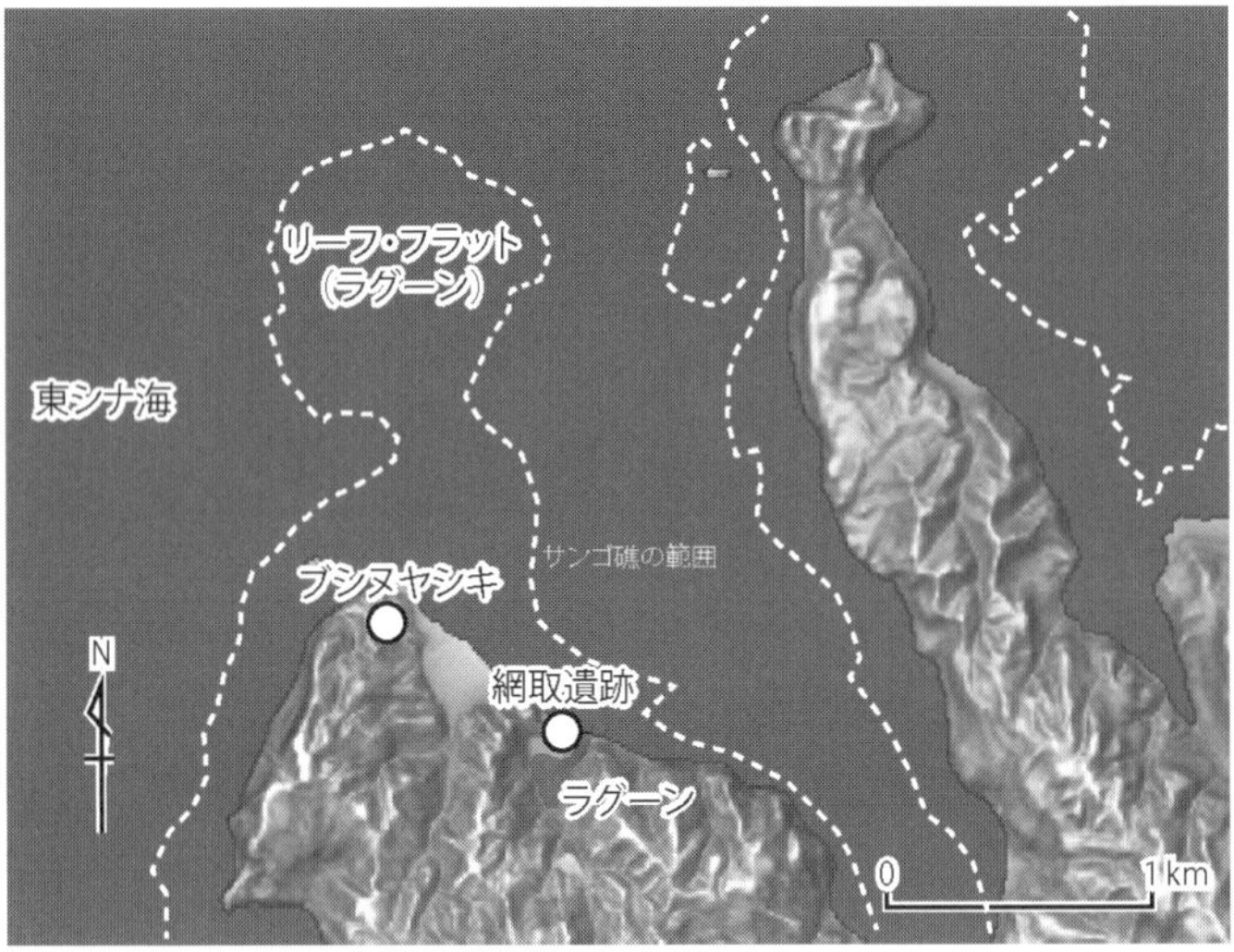

図70　網取周辺の遺跡分布図（カシミール3D© 画像を改変）

いるが、ラグーンとして機能していた時期には、そこまで船を引き込むことも十分可能であったと想定される。

無土器時代の網取遺跡は、こうしたサンゴ礁のラグーンおよび潟湖地形のラグーンという好条件から選ばれた可能性が高い。すなわち網取遺跡は南西諸島のサンゴ礁環境に良く適応した集落であったと考えられるのである。

謎のウミガメ遺構

さらに興味深いことに、網取遺跡では、貝殻を人為的に集積した遺構が見つかっている（図71）。この遺構は、シャコガイ・サラサバテイ・ラクダガイなどの貝殻を、長さ一メートルあまりの楕円形に集積したものであり、その貝殻の下からはウミガメの骨も見つかった。

こうした出土状況から、これらは明らかに人為的に何らかの目的で設置された遺構であると考えられる。出土状況的には、砂丘上にウミガメを埋め、その上を貝殻で覆ったように思われる。これをウミガメの墓と見るか、あるいは何らかの儀礼の痕跡と見るかは、確固たる決め手はない。

ちなみに、近世以降の本州から九州にかけてのいくつかの地域では、ウミガメを埋葬した亀塚が築かれ、ウミガメ供養をおこなうという習俗が分布するが、網取遺跡の事例がこ

図71　網取遺跡における謎のウミガメ遺構（筆者撮影）

図72　網取村のフクギ並木の景観（筆者撮影）

れと関連するかどうかは不明である。あるいは、北海道のオホーツク文化で見られたヒグマの骨などを集積した骨塚や、アイヌ文化における「送り」儀礼のように、動物資源の再生を願った儀礼と考えることもできるかもしれない。

近世以降の網取

無土器時代以降の網取については、その詳細はよくわかっていない。しかし近世初頭には網取村はすでに存在していたようで、『八重山島年来記』という文献の一六五一年の項目には、網取村とその隣の舟浮村との両村で人口が計六八人と記されている。また『宮古八重山両島絵図帳』には、入表間切あミとり村と表れ、石高が一九石と記されている。近世から近代を通じ、網取村には最も多い時で二〇〇人ほどの住人がいたようである。

なお網取村の北西の岬の高台は「ブシヌヤシキ」と呼ばれており、「武士の屋敷」と読むことができる。明瞭な遺構はこれまでのところ見つかっていないため、その性格は不明であるが、異国船の到来など海上交通を監視・通報するため、宮古・八重山の各島々に設置された物見台である可能性もある。網取村は西表島の南西に位置し、海上交通においても要衝であった可能性が高い。

網取村には西表島の他の集落とつながる陸路が整備されておらず、船が唯一の交通手段であった。このような交通が不便な地に村が成立していた理由のひとつには、交通の要衝、そして異国船の監視という役割があったからかもしれない。しかし近代以降には、こうした不便さもあって人口は減少の一途をたどり、結局は廃村とならざるを得なかったのである。

近世以降の網取村の痕跡は、建物等はほとんどなくなってしまったものの、屋敷地を囲う石垣や、街路に植えられたフクギ並木が良く残っていることから、現在でも往時の様相をしのぶことができる（図72）。

南西諸島における古代の港の研究の可能性

ここで取り上げた網取の事例は、南西諸島の古代の港を代表するものでは必ずしもなく、むしろそのなかでも小規模な事例のひとつであるかもしれない。しかし南西諸島の古代の港を考える上で、重要な要素は揃っているものと考える。

そのうちのひとつは、他の日本列島の事例と同様、潟湖地形によるラグーンが港の適地であったということである。もうひとつは、これは南西諸島ならではの要素であるが、サンゴ礁のラグーンが存在するということである。このラグーンは、港としての適地であるとともに、海産資源を供給する「天然のいけす」としての機能も提供したのである。

こうした二つの要素は、むしろ東南アジアからオセアニアの地域における古代の港を考える上でも重要である可能性が高い。例えば、今から三〇〇〇年ほど前にオセアニアのメラネシアから西ポリネシアの地域一帯に拡散したラピタ人と呼ばれる人々は、巧みな航海能力を有した海人集団であり、ポリネシア人の祖先であると考えられているが、ラピタ人の遺跡が存在する立地はまさにこうした条件に適ったところが多い。すなわち、サンゴ礁のラグーンがあり、さらに潟湖地形のラグーンが存在するような立地において、砂州上もしくはその前面の浅瀬に、杭上住居を建てて生活していたようである。こうした杭上住居は、満潮時には水上住居になっていたものと思われる。

こうした古代の港という観点から見ると、日本とオセアニアの間にも共有される文化的なふるまいが存在すると考えられるのである。そうした意味において古代の港の研究は、日本列島の中に限定されたものにとどまるのではなく、国際的に比較研究するに値するテーマであると言っても過言ではないのである。

水辺と共にある日本の景観――エピローグ

日本の美称のひとつに「大八島国（おおやしまのくに）」というものがある。このうち「八」というのは数が多いことをあらわす表現であるので、「たくさんの島からなる国」という意味になる。この表現は、『古事記』においてイザナギ・イザナミの二神が日本の国土を構成する島々を生み出していった「国生み神話」に由来するが、数多くの島々によって成り立つ日本の景観をうまくあらわした表現であるといえよう。

もうひとつ良く知られた日本の美称に「豊葦原瑞穂国（とよあしはらみずほのくに）」というものがある。この言葉の意味を解せば、「葦がおおい茂り、みずみずしい稲穂が実る国」ということになろう。このうち「葦（ヨシ、もしくはアシ）」は稲（イネ）と同じイネ科の植物であり、イネが豊かに生える様子を比喩的に表現したものと理解されることが多い。しかしより葦の存在を積極的に評価するならば、ヨシもイネも水辺に生える植物であるので、水辺の景観を日本の代表的な風景として詠みこんだ表現であるともいえるだろう。そして本書で見てきたように、古代の港の適地として選ばれた潟湖地形は、まさにヨシがおおい茂る場所であった。

このように古代の人々にとっては、水辺の景観というのは自分たちの身近にあり、慣れ親しんだ、いわば原風景として認識されていたのだろう。

しかし現在、日本においてこうした水辺の景観を感じられる場所は少なくなってしまった。その理由は、こうした水辺が埋め立てや干拓事業によって次々と陸化されてしまい、さらには水質の汚染や悪化、防潮壁の建設や護岸工事による砂浜海岸の消滅が拍車をかけた。

しかし二〇一一年三月一一日に発生した東日本大地震によって引き起こされた津波は、こうした防潮堤をいとも簡単に乗り越え、低地部を飲み込み、あたかも古代の景観に引き戻してしまったかのような感がある。筆者自身、震災後の福島県の沿岸部を旅したことがあるが、津波によって浸水した範囲は、ほぼかつての潟湖地形に相当することに気が付いた。

津波という災害によって、消滅したはずの古代の景観が立ち現れたことは、ある意味で凄惨な光景ではあるが、またある意味では黙示的な光景でもある。つまり土地の記憶というものはそう簡単に消し去ることができないということである。

現在、こうした被災した地域の復興が各地で進められているが、多くの場合、これまでよりはるかに高くて頑丈な防潮堤を築いたり、あるいは土地そのものを十数メートルも盛土によってかさ上げしたりといった土木工事が進められている。こうした工事が災害に対してどれほど有効なのか、筆者には判断する術を持ち合わせていない。しかし元来の地形を覆い隠すような改変を施すことで、かえってその土地の記憶から目を背けることになってしまわないか、と心配せざるを得ない。

むしろ、その土地の履歴を知り、過去の人々がその土地でどのように生きてきたかを知ることで、その土地に対する愛着が生まれ、結果的に災害にも強い地域社会を築くことができるのではないかと、私は考えている。

東日本大地震の時も、被災地において苦しい状況のなかでも人々が協力し、地域のお祭りを復活させることで、人々の絆が強まり、それが復興の力へとつながっていったという話を多く耳にする。こうした復興に果たす文化の役割というものは、防潮堤や盛土のような目に見えるものではないものの、確かに存在するだろう。そしてその地域で過去から現在まで引き継がれてきた景観もまた、文化と密接に関連したものであると言えるだろう。

そうした意味で、古代の港の景観を復元するということは、単に歴史を明らかにすることにとどまらず、過去から現在まで受け継いできた景観を、次の世代にどのように手渡していくかということを考える上でのひとつの手掛かりになると、私は考えている。本書がそうした試みの一助になることができれば、筆者としては幸甚である。

あとがき

本書は日本の古代の港を扱っているが、著者がこのテーマに初めて取り組んだのは、二〇〇九年より二年間にかけて参加した奈良県立万葉古代学研究所の共同研究「万葉の深層を探るエスノアルケオロジー的研究—特に海洋伝承を中心に—」（研究代表者・後藤明）においてであった。筆者はもともとオセアニアの人類学・考古学を専門とし、奉職した奈良文化財研究所においてはアフガニスタンやカンボジアなど諸外国の文化遺産の保護に携わってきたが、日本の古代を扱うのはほとんど初めての経験であった（奈良文化財研究所での発掘調査で、平城宮跡・藤原宮跡などの発掘に携わったことはあったが）。しかし古墳時代についてては関心を寄せていたため、古墳時代も広義の古代に含め、「古代の港」を遺跡分布や立地から読み解く研究を始めた。その成果の一部は、本書の「丹後再訪」「『浅い港』と『深い港』」の章に収録されている。

その後、奈良に事務所があるアジア太平洋観光交流センター（ＡＰＴＥＣ）の受託研究として二〇一一年から三年間にかけて「海のシルクロードに関する基礎的研究―観光学の視点から―」に携わり、筆者はおもに国内の港や海上交通に関する調査研究を担当した。受託研究の主題は「海のシルクロード」であったが、本書でも述べた通り、日本においてシルクロードとはすべからく海路がメインであった。こうした方便をひねりだして、おもに瀬戸内海沿岸の歴史的な港の調査研究をおこなうことができた。その成果の一部は、本書の「古代の海上ルートを探る」の章に収録されている。

こうした「古代の港」研究の成果の一部を、奈良文化財研究所の五〇周年記念の論文集に執筆し、その論文集が吉川弘文館より『文化財学の新地平』として刊行されたところ、編集部の永田伸氏の目にとまり、単行本として刊行するお誘いをいただいた。しかしそのままでは分量が不足していたので、色々と書き足していたところ、筆者自身が現在の東京文化財研究所に異動するなど慌ただしくなったため、数年ほどお待たせしてしまった。その過程で、伊豆・難波津・北海道・沖縄の話を書き加え、ようやく一冊の本にまとめることができた。

本書の執筆にあたっては、『古事記』『日本書紀』のような神話や、民俗誌的な情報をふんだんに採用した。「古代の港」に関する考古学的な証拠は乏しく、考古学的なアプローチだけでは限界があったからである。そのためやや「ごった煮」の内容になった感は否めないが、むしろそれを奇貨として、生き生きとした過去を描き出すことができればと願っている。

最後に、この本を世に出すのにお力添え下さった吉川弘文館の永田伸・上野純一の両氏、イマジネーションあふれる表紙イラストを描いてくれた安芸早穂子氏、そして遠洋航海者のように家を空けることの多い筆者をいつも支えてくれている妻の幸世に本書を捧げたい。

二〇一七年七月一八日

石　村　智

参考文献

石村　智「日本古代港津研究序説」（奈良文化財研究所編『文化財学の新地平』吉川弘文館、二〇一三年）
内田正洋『シーカヤック教書』（海文堂、二〇〇九年）
内田正洋『海からの日本革命！だぜ―ヤポネシアンカヌー酔夢譚―』（UP BOOKS & MAGAZINES、二〇一五年）
宇野隆夫「第一章　航海と船」（千田稔編『海の古代史―東アジア地中海考―』角川書店、二〇〇二年）
小田静夫『遙かなる海上の道―日本人の源流を探る黒潮文化の考古学―』（青春出版社、二〇〇二年）
後藤　明『海を渡ったモンゴロイド―太平洋と日本への道―』（講談社メチエ、二〇〇三年）
後藤　明『移動する日本人―『日本文化の形成』のもたらすもの』（別冊太陽　日本のこころ148『宮本常一―「忘れられた日本人」を訪ねて―』平凡社、二〇〇七年）
後藤　明『海から見た日本人―海人で読む日本の歴史―』（講談社メチエ、二〇一〇年）
門脇禎二『日本海域の古代史』（東京大学出版会、一九八六年）
日下雅義『地形からみた歴史―古代景観を復元する―』（講談社、一九九一年）
千田　稔『埋れた港』（学生社、一九七四年）
谷川健一『甦る海上の道・日本と琉球』（文春新書、二〇〇七年）

出口晶子『日本と周辺アジアの伝統的船舶―その文化地理学的研究―』（文献出版、一九九五年）
茂在寅男『古代日本の航海術』（小学館ライブラリー、一九九二年）
森　浩一「潟と港を発掘する」（『日本の古代3　海を越えての交流』中央公論社、一九八六年）
弥生文化博物館編『弥生人の船―モンゴロイドの海洋世界―』（平成二五年度大阪府立弥生文化博物館夏期特別展図録四九、二〇一三年）

著者略歴

一九七六年　兵庫県に生まれる
一九九九年　京都大学文学部卒業
二〇〇四年　京都大学大学院文学研究科博士後期課程単位取得退学
現在、東京文化財研究所無形文化遺産部音声映像記録研究室室長

〔主要著書〕

『ラピタ人の考古学』（渓水社、二〇一一年）
『海の日本史　江戸湾』（共著、洋泉社、二〇一八年）
『地形と歴史から探る福岡』（ＭｄＮ新書、二〇二〇年）

歴史文化ライブラリー
455

よみがえる古代の港
古地形を復元する

二〇一七年（平成二十九）十一月一日　第一刷発行
二〇二一年（令和　三　）四月一日　第二刷発行

著　者　石《いし》村《むら》智《とも》
発行者　吉川道郎
発行所　株式会社吉川弘文館
東京都文京区本郷七丁目二番八号
郵便番号一一三―〇〇三三
電話〇三―三八一三―九一五一〈代表〉
振替口座〇〇一〇〇―五―二四四
http://www.yoshikawa-k.co.jp/

印刷＝株式会社平文社
製本＝ナショナル製本協同組合
装幀＝清水良洋・陳湘婷

ISBN978-4-642-05855-1

歴史文化ライブラリー

1996. 10

刊行のことば

現今の日本および国際社会は、さまざまな面で大変動の時代を迎えておりますが、近づきつつある二十一世紀は人類史の到達点として、物質的な繁栄のみならず文化や自然・社会環境を謳歌できる平和な社会でなければなりません。しかしながら高度成長・技術革新にともなう急激な変貌は「自己本位な刹那主義」の風潮を生みだし、先人が築いてきた歴史や文化に学ぶ余裕もなく、いまだ明るい人類の将来が展望できていないようにも見えます。このような状況を踏まえ、よりよい二十一世紀社会を築くために、人類誕生から現在に至る「人類の遺産・教訓」としてのあらゆる分野の歴史と文化を「歴史文化ライブラリー」として刊行することといたしました。

小社は、安政四年（一八五七）の創業以来、一貫して歴史学を中心とした専門出版社として書籍を刊行しつづけてまいりました。その経験を生かし、学問成果にもとづいた本叢書を刊行し社会的要請に応えて行きたいと考えております。

現代は、マスメディアが発達した高度情報化社会といわれますが、私どもはあくまでも活字を主体とした出版こそ、ものの本質を考える基礎と信じ、本叢書をとおして社会に訴えてまいりたいと思います。これから生まれでる一冊一冊が、それぞれの読者を知的冒険の旅へと誘い、希望に満ちた人類の未来を構築する糧となれば幸いです。

吉川弘文館

歴史文化ライブラリー

古代史

邪馬台国の滅亡 大和王権の征服戦争——若井敏明
日本語の誕生 古代の文字と表記——沖森卓也
日本国号の歴史——小林敏男
日本神話を語ろう イザナキ・イザナミの物語——中村修也
六国史以前 日本書紀への道のり——関根 淳
東アジアの日本書紀 歴史書の誕生——遠藤慶太
〈聖徳太子〉の誕生——大山誠一
倭国と渡来人 交錯する「内」と「外」——田中史生
大和の豪族と渡来人 葛城・蘇我氏と大伴・物部氏——加藤謙吉
白村江の真実 新羅王・金春秋の策略——中村修也
よみがえる古代山城 国際戦争と防衛ライン——向井一雄
よみがえる古代の港 古地形を復元する——石村 智
古代豪族と武士の誕生——森 公章
飛鳥の宮と藤原京 よみがえる古代王宮——林部 均
出雲国誕生——大橋泰夫
古代出雲——前田晴人
古代の皇位継承 天武系皇統は実在したか——遠山美都男
古代天皇家の婚姻戦略——荒木敏夫
壬申の乱を読み解く——早川万年
戸籍が語る古代の家族——今津勝紀
地方官人たちの古代史 律令国家を支えた人びと——中村順昭
古代の都はどうつくられたか 中国・日本・朝鮮・渤海——吉田 歓
平城京に暮らす 天平びとの泣き笑い——馬場 基
平城京の住宅事情 貴族はどこに住んだのか——近江俊秀
すべての道は平城京へ 古代国家の〈支配の道〉——市 大樹
都はなぜ移るのか 遷都の古代史——仁藤敦史
聖武天皇が造った都 難波宮・恭仁宮・紫香楽宮——小笠原好彦
天皇側近たちの奈良時代——十川陽一
藤原仲麻呂と道鏡 ゆらぐ奈良朝の政治体制——鷺森浩幸
悲運の遣唐僧 円載の数奇な生涯——佐伯有清
遣唐使の見た中国——古瀬奈津子
古代の女性官僚 女官の出世・結婚・引退——伊集院葉子
〈謀反〉の古代史 平安朝の政治改革——春名宏昭
平安朝 女性のライフサイクル——服藤早苗
平安貴族の住まい 寝殿造から読み直す日本住宅史——藤田勝也
平安京のニオイ——安田政彦
平安京の災害史 都市の危機と再生——北村優季

歴史文化ライブラリー

平安京はいらなかった 古代の夢を喰らう中世—桃崎有一郎
天台仏教と平安朝文人—後藤昭雄
天神様の正体 菅原道真の生涯—森　公章
平将門の乱を読み解く—木村茂光
藤原摂関家の誕生 平安時代史の扉—米田雄介
安倍晴明 陰陽師たちの平安時代—繁田信一
平安時代の死刑 なぜ避けられたのか—戸川　点
古代の神社と神職 神をまつる人びと—加瀬直弥
古代の食生活 食べる・働く・暮らす—吉野秋二
大地の古代史 土地の生命力を信じた人びと—三谷芳幸
時間の古代史 霊鬼の夜、秩序の昼—三宅和朗

中世史

列島を翔ける平安武士 九州・京都・東国—野口　実
源氏と坂東武士—野口　実
敗者たちの中世争乱 年号から読み解く—関　幸彦
平氏が語る源平争乱—永井　晋
熊谷直実 中世武士の生き方—高橋　修
中世武士 畠山重忠 秩父平氏の嫡流—清水　亮
頼朝と街道 鎌倉政権の東国支配—木村茂光
大道 鎌倉時代の幹線道路—岡　陽一郎
仏都鎌倉の一五〇年—今井雅晴
鎌倉北条氏の興亡—奥富敬之
三浦一族の中世—高橋秀樹
伊達一族の中世「独眼龍」以前—伊藤喜良
弓矢と刀剣 中世合戦の実像—近藤好和
その後の東国武士団 源平合戦以後—関　幸彦
荒ぶるスサノヲ、七変化〈中世神話〉の世界—斎藤英喜
曽我物語の史実と虚構—坂井孝一
鎌倉浄土教の先駆者 法然—中井真孝
親　鸞—平松令三
親鸞と歎異抄—今井雅晴
畜生・餓鬼・地獄の中世仏教史 因果応報と悪道—生駒哲郎
神や仏に出会う時 中世びとの信仰と絆—大喜直彦
神仏と中世人 宗教をめぐるホンネとタテマエ—衣川　仁
神風の武士像 蒙古合戦の真実—関　幸彦
鎌倉幕府の滅亡—細川重男
足利尊氏と直義 京の夢、鎌倉の夢—峰岸純夫
高　師直 室町新秩序の創造者—亀田俊和

歴史文化ライブラリー

新田一族の中世「武家の棟梁」への道——田中大喜
皇位継承の中世史 血統をめぐる政治と内乱——佐伯智広
地獄を二度も見た天皇 光厳院——飯倉晴武
東国の南北朝動乱 北畠親房と国人——伊藤喜良
南朝の真実 忠臣という幻想——亀田俊和
中世の巨大地震——矢田俊文
大飢饉、室町社会を襲う！——清水克行
中世の富と権力 寄進する人びと——湯浅治久
出雲の中世 地域と国家のはざま——佐伯徳哉
中世武士の城——齋藤慎一
戦国の城の一生 つくる・壊す・蘇る——竹井英文
武田信玄——平山 優
徳川家康と武田氏 信玄・勝頼との十四年戦争——本多隆成
戦国大名毛利家の英才教育 元就・隆元・輝元と妻たち——五條小枝子
戦国大名の兵粮事情——久保健一郎
戦乱の中の情報伝達 使者がつなぐ中世京都と在地——酒井紀美
戦国時代の足利将軍——山田康弘
室町将軍の御台所 日野康子・重子・富子——田端泰子
名前と権力の中世史 室町将軍の朝廷戦略——水野智之
摂関家の中世 藤原道長から豊臣秀吉まで——樋口健太郎
戦国貴族の生き残り戦略——岡野友彦
鉄砲と戦国合戦——宇田川武久
検証 長篠合戦——平山 優
織田信長と戦国の村 天下統一のための近江支配——深谷幸治
検証 本能寺の変——谷口克広
明智光秀の生涯——諏訪勝則
加藤清正 朝鮮侵略の実像——北島万次
落日の豊臣政権 秀吉の憂鬱、不穏な京都——河内将芳
豊臣秀頼——福田千鶴
ザビエルの同伴者 アンジロー 戦国時代の国際人——岸野 久
イエズス会がみた「日本国王」 天皇・将軍・信長・秀吉——松本和也
海賊たちの中世——金谷匡人
アジアのなかの戦国大名 西国の群雄と経営戦略——鹿毛敏夫
琉球王国と戦国大名 島津侵入までの半世紀——黒嶋 敏
天下統一とシルバーラッシュ 銀と戦国の流通革命——本多博之

近世史

細川忠利 ポスト戦国世代の国づくり——稲葉継陽
家老の忠義 大名細川家存続の秘訣——林 千寿

歴史文化ライブラリー

自由主義は戦争を止められるのか 芦田均・清沢洌・石橋湛山—上田美和
モダン・ライフと戦争 スクリーンのなかの女性たち—宜野座菜央見
彫刻と戦争の近代—平瀬礼太
軍用機の誕生 日本軍の航空戦略と技術開発—水沢 光
首都防空網と〈空都〉多摩—鈴木芳行
帝都防衛 戦争・災害・テロ—土田宏成
陸軍登戸研究所と謀略戦 科学者たちの戦争—渡辺賢二
帝国日本の技術者たち—沢井 実
〈いのち〉をめぐる近代史 堕胎から人工妊娠中絶へ—岩田重則
強制された健康 日本ファシズム下の生命と身体—藤野 豊
戦争とハンセン病—藤野 豊
「自由の国」の報道統制 大戦下の日系ジャーナリズム—水野剛也
海外戦没者の戦後史 遺骨帰還と慰霊—浜井和史
学徒出陣 戦争と青春—蜷川壽惠
特攻隊の〈故郷〉 霞ヶ浦・筑波山・北浦・鹿島灘—伊藤純郎
沖縄戦 強制された「集団自決」—林 博史
陸軍中野学校と沖縄戦 知られざる少年兵「護郷隊」—川満 彰
沖縄からの本土爆撃 米軍出撃基地の誕生—林 博史
原爆ドーム 物産陳列館から広島平和記念碑へ—頴原澄子
米軍基地の歴史 世界ネットワークの形成と展開—林 博史
沖縄米軍基地全史—野添文彬
沖縄 占領下を生き抜く 軍用地・通貨・毒ガス—川平成雄
考証 東京裁判 戦争と戦後を読み解く—宇田川幸大
昭和天皇退位論のゆくえ—冨永 望
ふたつの憲法と日本人 戦前・戦後の憲法観—川口暁弘
戦後文学のみた〈高度成長〉—伊藤正直
首都改造 東京の再開発と都市政治—源川真希
鯨を生きる 鯨人の個人史・鯨食の同時代史—赤嶺 淳
文化財報道と新聞記者—中村俊介

文化史・誌

落書きに歴史をよむ—三上喜孝
霊場の思想—佐藤弘夫
跋扈《ばっこ》する怨霊 祟りと鎮魂の日本史—山田雄司
将門伝説の歴史—樋口州男
藤原鎌足、時空をかける 変身と再生の日本史—黒田 智
変貌する清盛 『平家物語』を書きかえる—樋口大祐
空海の文字とことば—岸田知子
日本禅宗の伝説と歴史—中尾良信

歴史文化ライブラリー

殺生と往生のあいだ 中世仏教と民衆生活——苅米一志
浦島太郎の日本史——三舟隆之
〈ものまね〉の歴史 仏教・笑い・芸能——石井公成
戒名のはなし——藤井正雄
墓と葬送のゆくえ——森 謙二
運 慶 その人と芸術——副島弘道
ほとけを造った人びと 止利仏師から運慶・快慶まで——根立研介
祇園祭 祝祭の京都——川嶋將生
洛中洛外図屏風 つくられた〈京都〉を読み解く——小島道裕
化粧の日本史 美意識の移りかわり——山村博美
乱舞の中世 白拍子・乱拍子・猿楽——沖本幸子
神社の本殿 建築にみる神の空間——三浦正幸
古建築を復元する 過去と現在の架け橋——海野 聡
大工道具の文明史 日本・中国・ヨーロッパの建築技術——渡邉 晶
苗字と名前の歴史——坂田 聡
日本人の姓・苗字・名前 人名に刻まれた歴史——大藤 修
大相撲行司の世界——根間弘海
日本料理の歴史——熊倉功夫
日本の味 醤油の歴史——林 玲子・天野雅敏編
中世の喫茶文化 儀礼の茶から「茶の湯」へ——橋本素子
香道の文化史——本間洋子
天皇の音楽史 古代・中世の帝王学——豊永聡美
流行歌の誕生 「カチューシャの唄」とその時代——永嶺重敏
話し言葉の日本史——野村剛史
柳宗悦と民藝の現在——松井 健
遊牧という文化 移動の生活戦略——松井 健
マザーグースと日本人——鷲津名都江
たたら製鉄の歴史——角田徳幸
金属が語る日本史 銭貨・日本刀・鉄炮——齋藤 努
書物と権力 中世文化の政治学——前田雅之
書物に魅せられた英国人 フランク・ホーレーと日本文化——横山 學
災害復興の日本史——安田政彦

民俗学・人類学

日本人の誕生 人類はるかなる旅——埴原和郎
倭人への道 人骨の謎を追って——中橋孝博
神々の原像 祭祀の小宇宙——新谷尚紀
役行者と修験道の歴史——宮家 準
幽霊 近世都市が生み出した化物——髙岡弘幸

歴史文化ライブラリー

雑穀を旅する――増田昭子
川は誰のものか 人と環境の民俗学――菅 豊
名づけの民俗学 地名・人名はどう命名されてきたか――田中宣一
番と衆 日本社会の東と西――福田アジオ
記憶すること・記録すること 聞き書き論ノート――香月洋一郎
番茶と日本人――中村羊一郎
柳田国男 その生涯と思想――川田 稔

考古学

タネをまく縄文人 最新科学が覆す農耕の起源――小畑弘己
老人と子供の考古学――山田康弘
顔の考古学 異形の精神史――設楽博己
〈新〉弥生時代 五〇〇年早かった水田稲作――藤尾慎一郎
文明に抗した弥生の人びと――寺前直人
樹木と暮らす古代人 木製品が語る弥生・古墳時代――樋上 昇
古 墳――土生田純之
東国から読み解く古墳時代――若狭 徹
埋葬からみた古墳時代 女性・親族・王権――清家 章
神と死者の考古学 古代のまつりと信仰――笹生 衛
土木技術の古代史――青木 敬
国分寺の誕生 古代日本の国家プロジェクト――須田 勉
東大寺の考古学 よみがえる天平の大伽藍――鶴見泰寿
海底に眠る蒙古襲来 水中考古学の挑戦――池田榮史
銭の考古学――鈴木公雄
ものがたる近世琉球 喫煙・園芸・豚飼育の考古学――石井龍太

各冊一七〇〇円～二〇〇〇円(いずれも税別)
▽残部僅少の書目も掲載してあります。品切の節はご容赦下さい。
▽品切書目の一部について、オンデマンド版の販売も開始しました。
詳しくは出版図書目録、または小社ホームページをご覧下さい。